Geheime Künste

TAROT

Geheime Künste

TAROT

ANNIE LIONNET

evergreen

EVERGREEN is an imprint of TASCHEN GmbH

Copyright © für diese Ausgabe:
2003 TASCHEN GmbH
Hohenzollernring 53, D-50672 Köln
www.taschen.com

Originalausgabe von
THE IVY PRESS LIMITED,
The Old Candlemakers, Lewes, East Sussex BN7 2NZ
Art director *Peter Bridgewater*
Redaktionsleitung *Sophie Collins*
Designer *Kevin Knight, Jane Lanaway, Alistair Plumb*
Redaktion *Rowan Davies and April McCroskie*
Bildrecherche *Vanessa Fletcher*
Fotografien *Guy Ryecart*
Bildbeschaffung *Kay MacMullan*
Illustrationen *Sarah Young, Lesley Ann Hutchings*
Copyright © 2001 The Ivy Press Limited

Gesamtproduktion der deutschen Ausgabe:
akapit Verlagsservice Berlin – Saarbrücken (www.akapit.de)
Übersetzung aus dem Englischen: *Julia Bonstein (akapit Verlagsservice)*
Lektorat: *Ina Friedrich (akapit Verlagsservice)*

Printed in China

ISBN 3-8228-2480-1

Die Ratschläge und Empfehlungen in diesem Buch
wurden von Autoren und Verlag nach bestem
Wissen und Gewissen erarbeitet und sorgfältig geprüft.
Dennoch kann eine Garantie oder
Haftung nicht übernommen werden.

INHALT

Vielfältigkeit
*Es gibt viele verschiedene
Tarot-Designs zur Auswahl*

ÜBER DIESES BUCH

„Tarot" ist zum besseren Verständnis in drei Kapitel untergeteilt. Das erste Kapitel vermittelt Ihnen alle Hintergrundinformationen, die Sie über die Geschichte und die Entwicklung des Tarot benötigen. Im zweiten Kapitel werden die einzelnen Karten und ihre jeweilige Bedeutung erläutert. Im letzten Kapitel zeigen wir Ihnen anhand von Fallbeispielen, wie Sie das Erlernte in die Praxis umsetzen können.

Hinweis

Auch heute noch begegnen viele dem Kartenlegen mit großem Misstrauen – zu Unrecht. Die Tarotkarten sind eine uralte Methode der Weissagung, durch die wir lediglich lernen, die Verhaltensmuster und Bestrebungen in unserem Leben besser zu verstehen. Trotzdem ist es wichtig, den Karten und deren Symbolik ein wenig Respekt zu erweisen. Auf diese Weise entsteht eine sichere, glückliche und vor allem nützliche Beziehung zu den Aussagen der Tarotkarten.

Praktische Information
*Praktische Doppelseiten erklären Ihnen
alle Einzelheiten einer Tarotsitzung.*

INTUITION UND HARMONIE

Die Hohepriesterin und die Herrscherin repräsentieren entweder eine wichtige Frau oder die feminine Seite des Fragenden. Die Hohepriesterin weist auf die intuitive Seite des Fragenden hin, auf unbewusste und oft versteckte Gefühle und Gaben. Die Herrscherin steht für den zyklischen Charakter und die Harmonie der Natur und erinnert an Wachstum und Produktivität. Physisches und emotionales Wohlbefinden werden ebenso angesprochen.

Kartenführer
Ein ausführliches Kapitel über Legemethoden und Kartensets.

Vier Königinnen

Detail
Die Karten und ihre jeweilige Bedeutung werden einzeln erklärt.

Königin der Kelche

Die Königin der Stäbe

Königin der Münzen

Königin der Schwerter

LEGEMUSTER DER OPTIONEN: 2

Jackie, 21, war mit ihrem Freund zusammen, seitdem sie 18 war. Sie hatte angenommen, ihn irgendwann zu heiraten. Vor zwei Wochen aber hatte sie David kennen gelernt. Er war ein paar Jahre älter als sie und bereits einmal geschieden. Beide hatten sich sofort zueinander hingezogen, was Jackie verwirrte. Sie wusste nicht, ob sie weiter mit ihrem Freund zusammen sein oder die Beziehung beenden sollte, damit sie sich mit David treffen konnte.

Anwendung
Auf diesen Seiten finden Sie die praktische Anwendung mit vielen Fallbeispielen.

Geheimnisvolles Tarot

Wasserträger
Der Wasserträger gießt Wasser aus zwei Krügen. Er mischt die verschiedenen Aspekte des Lebens.

Tarotlegen gehört zur westlichen Mysterientradition und ist eines der geheimnisvollsten Syteme zur Voraus und Weissagung. Auch die Ursprünge des Tarot liegen im Dunkeln. Ebenfalls weiß man nicht genau, wie Tarot tatsächlich funktioniert oder wie es uns einen Spiegel unserer jeweiligen Situation vorhalten kann. Dies hat diejenigen, die das Tarot seit Jahrhunderten befragen, schon immer fasziniert. Einige Menschen glauben an die Anwesenheit einer höheren Intelligenz, die das Mischen und die Auswahl der Karten beeinflusst, sodass die passenden Karten in der richtigen Reihenfolge erscheinen. Andere denken, dass Carl Jungs Theorie der Synchronizität am Werk ist, wenn wir die Karten befragen. Jung entwickelte das Konzept, dass alles im Universum miteinander verbunden und die äußere Welt ein Spiegel unserer inneren Welt ist. Da es keine separate Wirklichkeit gibt, spiegelt sich die Frage in der Auswahl der Karten. Auch wenn seine Theorie etwas weit hergeholt und die Auswahl der Karten zufällig sein sollte, so scheint doch jede Karte Symbolcharakter und die Macht zur zutreffenden Interpretation von Ereignissen zu besitzen.

Weissagung und Symbolismus

Überall auf der Welt wurden zur Ergründung der menschlichen Psyche symbolische Sprachen entwickelt. Dies nennt man Wahrsagekunst oder Divination, vom lateinischen Wort *divinare* – „weissagen". Durch die

Kartenbefragung versuchen wir, die spirituellen Muster und Wünsche sowie die verborgene Motivation in unserem Leben zu verstehen. Die Symbole und Bilder des Tarot schaffen eine Brücke zwischen Bewusstsein und Unbewusstem und verbinden uns mit unseren Stärken und Schwächen, unserem Potenzial und den Aspekten, die uns davon abhalten, dieses Potenzial auch zu nutzen.

Der Symbolismus des Tarot beschreibt unsere Reise durch das Leben und beinhaltet alle archetypyschen Erfahrungen. Die kodierten Symbole zeigen die Geheimnisse des Herzens und – für manche – das göttliche Gesetz des Universums. Tarot bedeutet, die Geheimnisse unseres Lebens und den Plan, den wir in uns tragen, besser zu verstehen.

Das innere Selbst

Wir können mit Hilfe von Tarotkarten in unsere Psyche eintauchen und mehr über uns selbst erfahren, indem wir uns den verschiedenen Aspekten unseres Wesens zuwenden.

WAS IST TAROT?

Tarot ist eine Quelle des Wissens und der Weisheit, dargestellt in Bildern und Symbolen. Wenn Sie eine Karte aussuchen, reflektiert diese ein Bild Ihres inneren Selbst oder eine äußere Erfahrung. Gleichzeitig enthüllt sie die individuelle Bedeutung einer bestimmten Situation. Manchmal zeigt die Karte etwas, das Sie schon über sich wussten, aber manchmal werden Sie sicherlich überrascht sein. Wir besitzen eine natürliche intuitive Fähigkeit, der wir aber nicht immer voll vertrauen. Die Beschäftigung mit den Symbolen und Bildern des Tarot kann bei der Entwicklung dieser Fähigkeit helfen, damit wir mehr im Einklang mit unserem Selbst leben und unsere Intuition auch im Alltagsleben gebrauchen können.

Ursprung und Geschichte des Tarot

Italienische Wurzeln
*Die Wurzeln des modernen Tarot
liegen wahrscheinlich im
italienischen Renaissance-Zeitalter.*

Der Ursprung des Tarot ist immer noch ungeklärt. Es wurde viel darüber spekuliert, wann und wo es zuerst eingesetzt wurde – ob in Ägypten, China, Indien oder Persien. Eine weitere Theorie besagt, dass es von Zigeunern nach Europa gebracht wurde. Sicher ist nur, dass unser heutiges Tarot aus der Renaissance stammt. Im 15. Jahrhundert veranlasste eine italienische Adelsfamilie die Bemalung einiger Tarotdecks. Diese alten Karten befinden sich in Museen und privaten Sammlungen. Ein fast vollkommen erhaltener Kartensatz aus dieser Zeit beinhaltet die 78 Standardkarten, aus denen die Tarotdecks auch heute noch bestehen.

Herkunft des Designs
Viele der frühen Karten haben ein französisches Design. Das „Tarot de Marseilles" ist ein bekanntes Beispiel. Im 17. Jahrhundert beendete man in Italien die Herstellung der Karten und zog es vor, sie aus Frankreich zu importieren. Das 78er Kartendeck wurde im Laufe der Jahrhunderte auf vielfältige Weise eingesetzt. Aber es gilt als sehr wahrscheinlich, dass es ursprünglich als Kartenspiel benutzt wurde, das in Frankreich „tarot" und in Italien „tarocco" hieß.

Assoziation mit dem Teufel

Im Mittelalter ließ die Kirche viele Tarotsätze verbrennen, weil sie sich vehement gegen die heidnischen Bilder auf den Karten zur Wehr setzte. Selbst heute noch wird Tarot manchmal „Bilderbuch des Teufels" genannt und mit Furcht und Misstrauen betrachtet. Einige der sehr frühen Sätze ersetzten den Papst und die Päpstin mit dem Hohepriester und der Hohepriesterin, um Assoziationen mit der Kirche zu vermeiden. Aber trotz der kirchlichen Gegenwehr war das Kartenspiel als Spaß, Spiel oder Weissagung sehr beliebt. Ab Ende des 18. Jahrhunderts war die heutige esoterische und weissagende Bedeutung der Karten dann offensichtlich.

Tarot de Marseilles

Dieses klassische Deck aus dem 16. Jahrhundert hat das Kartendesign maßgeblich beeinflusst. In diesem Buch stellen wir eine ganze Reihe verschiedener Tarotdecks vor.

WAS IST EIN TAROTDECK? Ein Tarotdeck

besteht aus 78 Karten`und teilt sich in die Große Arkana und die Kleine Arkana auf (vom lateinischen Wort *arcanum:* „Geheimnis" oder „Mysterium").

DER MAGIER

DIE HOHE-PRIESTERIN

DIE HERR-SCHERIN

DER HERRSCHER

DER HOHE-PRIESTER

DIE LIEBENDEN

DER WAGEN

DIE KRAFT

DER EREMIT

DAS RAD DES SCHICKSALS

DIE GERECH-TIGKEIT

DER GEHÄNGTE

DER TOD

DIE MÄSSIGKEIT

DER TEUFEL

DER TURM

DER STERN

DER MOND

DIE SONNE

DAS GERICHT

DIE WELT

DER NARR

Die Große Arkana
Diese 22 Karten stellen verschiedene Phasen der persönlichen Entwicklung dar.

Die Kleine Arkana
Diese 56 Karten erweitern die Themen der großen Arkana und weisen auf mögliche künftige Ereignisse hin.

14

| DIE STÄBE | DIE SCHWERTER | DIE MÜNZEN | DIE KELCHE |

Symbolismus: Große und Kleine Arkana

Die Große Arkana
Eine von 22 Karten der Großen Arkana, die wichtige Ereignisse in unserem Leben wiederspiegeln.

Die Große Arkana besteht aus 22 Karten, den Zahlenkarten 1–21 und der Narrenkarte ohne Zahl. Das sind die Trumpfkarten des Tarot, deren starker Symbolismus die wichtige Ereignisse in unserem Leben reflektiert. Die Kleine Arkana besteht aus 56 Karten in vier Farben: Kelche, Münzen, Schwerter und Stäbe. Jede Farbe besteht aus 14 Karten von Ass bis Zehn – den Zahlenkarten – und vier Hofkarten: Page, Ritter, Königin und König. Die Kleine Arkana bietet sehr genaue Information über unsere Situation und Erfahrungen. Sie bestimmt die Richtung, in die sich der Fragende (dem die Karten gelegt werden) bewegt. Die Bedeutung jeder Karte der Kleinen Arkana ergibt sich aus der Bedeutung der Farbe und der Zahl der Zahlenkarte. Auch das Geschlecht der Hofkarten findet Beachtung.

Gegensätzliche Prinzipien

Verschiedene geistige Disziplinen vertreten das Konzept von zwei gegensätzlichen Prinzipien, die im Universum am Werk sind. In China nennt man sie zum Beispiel Yin und Yang, das feminine und das maskuline Prinzip. Wenn ein Mensch geistig ausgewogen und „ganz" ist, hat er feminine und maskuline Eigenschaften in sich vereint. Viele Karten der Großen Arkana repräsentieren entweder das feminine oder das maskuline Prinzip, während in der Kleinen Arkana die Stäbe und Schwerter maskulin sind und die Kelche und Münzen feminin.

Symbolische Themen

Drei der wichtigsten symbolischen Themen im Tarot sind Geschlecht, Zahlen und Elemente. Zahlen stehen ebenfalls mit maskulinen und femininen Prinzipien in Verbindung. Die Bedeutung jeder Karte der Kleinen Arkana basiert größtenteils auf ihrer Zahl und der Farbe, zu der sie gehört. Die Bedeutung der Zahl ist in der Großen Arkana geringer. Jede Karte kann auch ohne Zahl gelesen werden. Feuer und Luft werden mit maskulinen Eigenschaften in Verbindung gebracht; Wasser und Erde mit femininen.

Die vier Farben

Über die vier Farben der Kleinen Arkana können Sie auf S. 84–141 mehr erfahren.

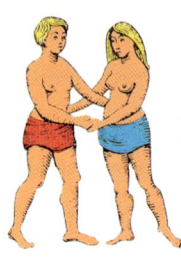

Stilbewusst
Am besten wählen Sie ein Tarotdeck aus, dessen Gestaltung Ihnen gut gefällt.

AUSWAHL EINES TAROTDECKS
Es gibt eine Vielfalt von Tarotdecks mit einer jeweils eigenen Geschichte und unterschiedlichem Design zur Auswahl. Obwohl jedes Deck auf eine einzigartige Weise entstanden ist und sich die Bilder auf den Karten stark unterscheiden können, bleibt die Bedeutung der einzelnen Karten gleich. Es ist wichtig, ein Kartendeck auszuwählen, das Ihre Fantasie beflügelt und dessen Gestaltung Sie anspricht.

Französisch
Die Liebenden des Tarot de Marseilles.

Ägyptisch
Die Liebenden des Egipcios-Kier-Tarot.

Spirituell
Die Liebenden des Tarot des Geistes.

Historisch
*Die Liebenden des
Visconti-Sforza-Tarot.*

Künstlerisch
*Die Liebenden des
Morgan-Greer-Tarot.*

Asiatisch
*Die Liebenden des
Ukiyoe-Tarot.*

Die Entwicklung des Designs

Die Torah
Jüdische Mystik basiert oftmals auf der Torah.

Die 78 Tarotkarten, welche wir heute benutzen, stammen wahrscheinlich aus Italien, aber das Design des Marseilles-Decks gilt als Standard. Im späten 19. Jahrhundert gründeten drei Mitglieder der Societas Rosicruciana den „Orden der goldenen Morgenröte" (Golden Dawn). Dieser stellte einen Wendepunkt in der Entwicklung des Tarot dar.

Einfluss des Ordens

Mitglieder des Ordens der goldenen Morgenröte entwickelten eine Verbindung zwischen der Kabbala, dem mystischen Element des Judentums, dem kabbalistischen Glauben an die 22 Pfade des Lebensbaums und dem Tarot. Einer der Ordensgründer, Samuel McGregor Mathers, veränderte die numerische Folge der Großen Arkana und setzte den Narr vor die Karte mit der Zahl 1 anstatt hinter die Karte mit der 21. Ebenso vertauschte er die Karten Stärke und Gerechtigkeit. Der Orden baute auch die Astrologie in seine Interpretationen ein und schuf die Verbindung zwischen Tarot und den astrologischen Elementen.

Das Thoth-Deck

Aleister Crowley trat dem Orden 1898 bei, verließ ihn aber nach Unstimmigkeiten und gründete 1905 seinen eigenen Orden „Argentum Astrum". Seine Lehren erweiterten die des alten Ordens und sind extrem komplex. Er interpretierte die Symbolik des Tarot neu und entwarf sein eigenes Deck, das heute als Thoth-Deck bekannt ist. Er war davon überzeugt, dass der Narr die erste Karte der Großen Arkana war und die Zahl 0 tragen sollte.

Das Rider-Waite-Deck

1916 hatte Arthur Edward Waite, ein anderes Mitglied des Ordens, mit der Künstlerin Pamela Colman Smith das Design für ein neues Tarotdeck erarbeitet, das als Rider-Waite-Deck bekannt wurde. Damals wurden seine Schöpfer für die Veränderungen des Designs und für einen Mangel an Ästhetik stark kritisiert. Trotz dieser Anfeindungen und Ablehnung machten ihre Lesearten das Tarot zugänglicher und verständlicher als andere obskurere Designs. Heute ist ihr Tarotdeck eines der verbreitetesten.

Lebensbaum

Wie das Tarot hat auch der Lebensbaum zehn Ausläufer. Er hat vier Elemente und das Tarot vier Farben, um die Elemente zu repräsentieren (s. S. 109 für weitere Informationen).

Wanderer
*Der Narr des
Papus-Tarot.*

DECKS

Die Wahl eines Decks ist eine sehr persönliche Angelegenheit. Einige der populärsten und bekanntesten Tarots, die heute in Gebrauch sind, sind das Rider-Waite-Deck, das Marseilles und das JJ-Swiss-Deck. Letzteres geht bis in das 19. Jahrhundert zurück und erhielt seinen Namen daher, dass es die römischen Götter Jupiter und Juno statt des Papstes und der Päpstin darstellt. Es gibt viele ungewöhnliche Decks wie das Elemental-Tarot, das Motherpeace-Tarot und das Mythische Tarot. Alle basieren auf einer bestimmten Philosophie oder Mythologie.

Sorglos	**Bunt**	**Kindlich**
Der Narr des	*Der Narr des*	*Der Narr des*
Universal-Waite-Tarot.	*Oswald-Wirth-Tarot.*	*Golden-Dawn-Tarot.*

Ernst
Der Narr des Hexentarot.

Ätherisch
*Der Narr des
Haindl-Tarot.*

Akrobatisch
*Der Narr des
Motherpeace-Tarot.*

Die Auswahl des eigenen Tarotdecks

Bei der Auswahl des eigenen Tarotdecks gibt es einige Punkte zu beachten. Wenn Sie Ihr eigenes Deck aussuchen, sollte es Ihnen optisch gefallen und Sie auf irgendeine Art ansprechen. Idealerweise sollten Sie sich ein Exemplar ansehen und alle Karten betrachten können. Sie könnten sich von einem oder zwei Bildern angezogen fühlen oder die Machart des gesamten Decks mögen. Manche machen sich gern mit einem einzigen Deck vertraut und arbeiten dann auch nur mit diesem. Andere dagegen wählen mehrere Decks und setzen sie für verschiedene Zwecke ein.

Arthur Waite
Arthur Edward Waites Deck wurde gemeinsam mit Pamela Colman Smith entworfen.

Gute Schwingungen

Ihr gewähltes Deck wird von Ihren Interessen und Ihrem Hintergrund beeinflusst, aber auch durch Ihre Intuition. Oftmals merkt man, dass die Arbeit mit den Bildern und Symbolen des Tarot die eigenen intuitiven Kräfte stärkt. Es ist wichtig, das eigene Deck zu benutzen und nicht eines, das einem anderen gehört oder gehört hat, denn Sie müssen eine persönliche Beziehung zu den Karten aufbauen. Das ist nicht möglich, wenn ein anderer seine psychischen Schwingungen schon auf die Karten übertragen hat. Sie müssen Ihr Deck nicht unbedingt kaufen. Vielleicht bekommen Sie ja eines geschenkt, das Ihnen gefällt.

Berühmte Decks

1909 tat sich Arthur Edward Waite mit Pamela Colman Smith zusammen und erfand ein Tarotdeck. Während Waite die Große Arkana veränderte, konzentrierte sich Smith auf die Kunst der Kleinen Arkana. Zum ersten Mal erhielt jede Karte eine eigene Szene und die Kleine Arkana wurde für weitere Interpretation geöffnet. Das war zu dieser Zeit einzigartig und das Rider-Waite-Deck entwickelte sich zu einem Bestseller.

Aleister Crowleys mysteriöses Deck wurde von Lady Frieda Harris illustriert. Crowley erlangte einen zweifelhaften Ruf aufgrund seltsamer magischer Praktiken und er galt als Anhänger des Okkulten. Seine Lehren zum Tarot gingen über die des Golden Dawn (siehe S. 20) hinaus. Die Ideen des Paares erschienen 1944 als das Buch Thoth; die Karten selbst kamen erst 1969 nach beider Tod heraus.

Feurig
*Der Turm des
Golden-Dawn-Tarot.*

EIN DECK AUSWÄHLEN Wählen Sie Ihr

Deck selbst aus. Das hilft Ihnen bei der Bildung Ihrer intuitiven und auch psychischen Fähigkeiten und verbessert in der Folge die Lesungen. Das Mythische Tarot wird denjenigen gefallen, die sich für Griechische Mythologie interessieren, während das Keltische oder Artus-Deck eine Faszination für Fans der Keltischen Sagenwelt bereithält. Falls Sie keines dieser beiden Gebiete besonders interessiert, bietet das universellere Rider-Waite-Deck einen guten Ausgangspunkt.

Afrikanisch
*Der Turm des Royal-Fez-
Moroccan-Tarot.*

Kraftvoll
*Der Turm des
Papus-Tarot.*

Dramatisch
*Der Turm des
astrologischen Tarot.*

Blickend
Der Turm des Zigeuner-Tarot.

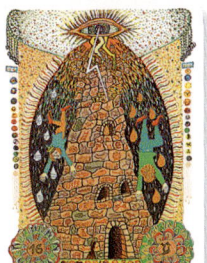

Die Zerstörung
THE TOWER
LA MAISON DIEU

Augenöffner
Der Turm des Thoth-Tarot.

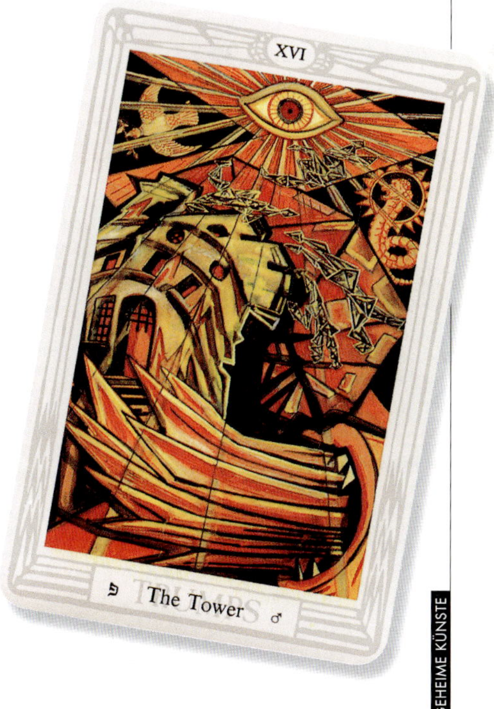
XVI
The Tower

Gartenbau
Der Turm des Kräutertarot.

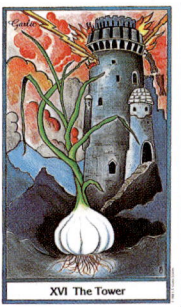

XVI The Tower

Das Tarot-Ritual

Das Legen
*Die richtige Athmosphäre ist für
ein Tarotlegen sehr wichtig.*

und die Bilder in sich aufzunehmen. Im nächsten Schritt beginnen Sie, die Karten zu legen und die Bedeutung jeder Karte kennen zu lernen. Erwarten Sie nicht, mit einem Schlag die volle Bedeutung jeder Karte zu erfassen – man braucht Zeit, um ihre Komplexität zu verstehen.

Atmosphäre schaffen

Für das Tarot ist ein passender Gemütszustand sehr wichtig. Am besten stellen Sie eine ruhige, ungestörte Atmosphäre her, wenn Sie mit dem Betrachten der Karten oder mit dem Legen beginnen. Nehmen Sie z. B. den Telefonhörer von der Gabel, zünden Sie Räucherstäbchen oder eine Kerze an, spielen Sie ruhige Musik oder sagen Sie bei spielsweise ein Gebet auf, das Ihnen angenehm ist. Sie könnten jede einzelne Karte auf ein Stück schwarze Seide legen und über dem Bild meditieren, um zu sehen, welche Eindrücke Sie empfangen. Oder Sie denken über die Bedeutung jeder Karte nach und darüber, wie sie zu Ihnen spricht.

Welche Haltung Sie auch immer zum Tarot an sich einnehmen, Sie sollten den Bildern und Symbolen auf den Karten mit Respekt begegnen. Das wird deutlicher, wenn Sie mit ihnen eine Verbindung auf einer tieferen Ebene eingehen. Wenn Sie ein Tarotdeck ausgesucht haben, sollten Sie sich in jedem Fall die Zeit nehmen, eine Karte nach der anderen genau zu betrachten. So bauen Sie eine persönliche Beziehung zu ihnen auf und beginnen langsam, den Symbolismus

Kartenbedeutungen

Es gibt mittlerweile eine große Debatte
unter den Anhängern des Tarot über
die Gültigkeit und Bedeutung von
umgekehrten Karten: die Idee,
aufrechten und umgekehrten Karten
unterschiedliche Bedeutung zuzu-
messen, ist relativ neu. Einige sprechen
einer umgekehrten Karte auch die
umgekehrte Bedeutung zu und
empfinden sie so als leichter
interpretierbar, weil ihre Aussage
weniger widersprüchlich ist. Dieses
Prinzip vereinfacht zwar die
Weissagung, leugnet aber einen
wichtigen Bestandteil der Astrologie
und anderer esoterischer Disziplinen:
Diese uralten Künste fußen unter
anderem darauf, dass alles sowohl
positive als auch negative Aspekte
beinhaltet und dass in allem auch sein
Gegenteil enthalten ist.

Konsultation

Für weitere Informationen über die richtige
Atmosphäre für eine Lesung siehe S. 144
„Vorbereitungen zur Konsultation der Karten".

LAPIS LAZULI

Kristalle
*Sie werden zur Reinigung
und zum geistigen Schutz
der Karten verwendet.*

BLUTSTEIN

KARTEN UND ENERGIE Während
Sie die Karten benutzen und mit ihnen arbeiten, laden Sie die Karten
mit Energie auf. Sie können das auch gezielter tun, indem Sie einen
Kreis zeichnen und die Karten auf einem schwarzen Seidenstück in
dem Kreis legen. Manche legen gern Kristalle auf bestimmte Stellen,
etwa an jede Ecke des Tisches. Jeder Kristall hat eine bestimmte
Eigenschaft, aber einige der am besten geeigneten sind Amethyst,
Lapis Lazuli, Tigerauge, Topas und Türkis. Nutzen Sie Ihre Intuition, um
herauszufinden, mit welchen Sie am liebsten arbeiten.

Ritual
*Salz, Duftwasser, Weihrauch
und Kerzen sind ideal zur
Vorbereitung des Legens.*

Kerze

Schüssel mit
Rosenblättern
und Wasser

Salz

Räucherstäbchen

Blutstein
Dieser Kristall soll das Hellsehen fördern.

Lapis Lazuli
Dieser Kristall soll psychische Einflüsse übertragen.

Agate
Dieser Schichtkristall hilft, Ängste zu überwinden.

Tigerauge
Dieser Kristall steht für Erfolg und starke Willenskraft.

Seide
Indem Sie die Karten in schwarze Seide wickeln, schützen Sie sie vor schädlichen Einflüssen.

Holzkiste
Legen Sie die in Seide gewickelten Karten in eine schöne Holzkiste. Das schützt ihre heiligen Eigenschaften.

Schützen Sie Ihre Karten.

Holzkiste

Ihr persönliches Tarot-Ritual

Ihr Raum
Schaffen Sie einen Raum, der persönlich und angenehm ist.

Salz wurde lange Zeit in Ritualen zur Reinigung und zum geistigen Schutz verwendet. Sie können eine Schale mit Salzwasser auf die ausgebreiteten Karten stellen. Halten Sie dann ein brennendes Räucherstäbchen aus Pinienholz oder Rosmarien und eine goldene, gelbe oder rote Kerze über die Karten. Bewegen Sie schließlich eine Schale mit Rosenblättern und Wasser oder Rosen- oder Lavendelöl über die Karten. Lassen Sie die Karten 24 Stunden im Kreis liegen. Dann können Sie sie in das schwarze Tuch aus Seide wickeln und sie in eine schöne Holzkiste oder ein anderes Behältnis legen, das für Sie eine besondere Bedeutung hat. Schwarz ist eine neutrale Farbe, welche die Karten vor äußeren Schwingungen schützt. Die Seide betont die besondere Bedeutung der Karten und schützt sie vor geistigen Verunreinigungen.

Einfachheit ist wichtig

Sie müssen diesen Ritualen nicht folgen, wenn sie Ihnen nicht richtig erscheinen. Finden Sie Ihren eigenen Weg, um einen besonderen Raum zu schaffen und sich vorzubereiten. Wenn Sie bei der Arbeit mit dem Tarot ein Ritual verwenden, ist es wichtig, sich nicht zu sehr von dem Ritual selbst abhängig zu machen. Nutzen Sie es einfach, um in Stimmung zu kommen und den richtigen Gemütszustand zu erreichen. Wenn Sie fest an eine bestimmte Zeremonie vor der Legung glauben, sollten Sie sich daran halten. Wenn sie andererseits eine lockere Haltung haben, sollten Sie sich nicht zu einem ritualistischen Ansatz gedrängt fühlen. Es kommt darauf an, Ihren eigenen Weg zu finden.

Ratschläge des Tarot

Wenn Sie eine Frage stellen, wird das Tarot reflektieren, was mit der Situation in Zusammenhang steht, und den Weg zeigen, dem Sie am wahrscheinlichsten folgen werden. Es kann identifizieren, was Ihnen auf dem Weg helfen oder Sie behindern wird, ebenso wie den Weg aufzeigen, dem Sie folgen sollten. Aber Sie bestimmen immer selbst, ob Sie den Ratschlägen des Tarot folgen möchten oder nicht.

Übersinnliche Kräfte

Tarot-Legungen verleihen Ihnen nicht plötzlich übersinnliche Kräfte, aber falls Sie ohnehin eine übersinnliche Veranlagung haben, kann das Tarot diese verstärken.

DIE KARTEN
& IHRE BEDEUTUNG

Die Tarotkarten repräsentieren die symbolische Reise des Fragenden durch das Leben. Das Tarot kann keine schicksalshaft festgelegte Zukunft vorhersagen, eher beschreibt es die Beschaffenheit und die Bedeutung eines bestimmten Moments im Leben einer Person. Oftmals werden die Karten vergangene Ereignisse im Zusammenhang mit dem gegenwärtigen Moment beschreiben und Entscheidungen und Motive ebenso wie ihre Ursache und Wirkung ans Licht bringen. Manchmal sind wir uns der unterschwelligen Gründe für unser Verhalten nicht bewusst. Die Karten können uns ein tieferes Bewusstsein dafür geben, was unter der Oberfläche vor sich geht. Diese Einsichten eröffnen uns größere Freiheiten und Entscheidungsmöglichkeiten für die Zukunft.

Einführung in die Große und die Kleine Arkana

Gerechtigkeit

Diese Karte repräsentiert Balance und zeigt die Waage und das Schwert der Gerechtigkeit.

Fragenden selbst und anderer Personen, die er treffen wird, wie auch Situationen, die ihm begegnen werden, und Qualitäten, die er zu deren Bewältigung brauchen wird. Wenn Sie die Bedeutungen der Großen Arkana interpretieren, werden Sie sie manchmal mehrdeutig oder sogar widersprüchlich finden. Jeder hat seine eigene Interpretation, aber eine Daumenregel besteht darin zu entscheiden, welche Aspekte jeder Karte im Kontext der gesamten Legung am relevantesten sind. Dann können Sie die Gesamtbedeutung der Karten – und nicht nur ihre Einzelbedeutung – erkennen.

Die menschliche Natur ist bekanntermaßen komplex, und weil das Tarot einen Spiegel der Seele darstellt, reflektiert es diese Komplexität.

Die Große Arkana

Der Beginn der Reise des Fragenden durch das Leben wird besonders durch den Narren repräsentiert. Die anderen 21 Karten beschreiben Aspekte des

Jede Karte kann auch den Fragenden zum Zeitpunkt der Kartenbefragung reflektieren. Die Große Arkana beschreibt sowohl die äußere Realität und Situationen, über die wir oftmals glauben keine Kontrolle zu haben, wie auch eine tiefere spirituelle Dimension, die unter der Oberfläche unseres alltäglichen Lebens liegt. Oft überrascht

das Erscheinen einer Karte den Fragenden, weil er sich dieses besonderen
Aspekts bisher nicht bewusst war.

Die Kleine Arkana

Die 56 Karten der Kleinen Arkana sind
in die vier Farben Kelche, Stäbe,
Münzen und Schwerter aufgeteilt. Jede
Farbe hat zehn nummerierte Karten –
die Zahlenkarten – und vier Hofkarten.
Die Hofkarten zeigen einflussreiche
Menschen im Leben des Fragenden,
können aber auch seine eigenen –
vielleicht unbewussten – Eigenschaften
enthüllen. Die Zahlenkarten
repräsentieren die Erfahrungen und
Entscheidungen, welche die Motive
des Fragenden beleuchten, und zeigen
mögliche zukünftige Wege auf.

Mischen

Am besten mischen Sie die Karten mit dem
Gesicht nach unten auf einer glatten Oberfläche.
So können die Karten auch umgekehrt aufge-
deckt und entsprechend interpretiert werden.

OPTIMISMUS UND ANLEITUNG

Der Fragende begibt sich eifrig und leichten Herzens auf seine spirituelle Reise. Herausforderungen mögen vor ihm liegen, aber der Narr kümmert sich nicht um Schwierigkeiten auf dem Weg oder um mögliches Versagen. Der Magier steht für Führung auf dem Weg, verweist auf Chancen und Möglichkeiten und warnt vor Fallen und Gefahren, die bevorstehen. Jugendlicher Optimismus muss oft mit etwas Vorsicht gemäßigt werden.

Orientalisch
*Der Narr des
Ukiyoe-Tarot.*

Zerlumpt
*Der Narr des
Visconti-Sforza-Tarot.*

Geheimnisvoll
*Der Magier des
Thoth-Tarot.*

I

ב The Magician ☿

Schamane
*Der Magier des
Shining-Woman-Tarot.*

The MAGICIAN
I

Narr und Magier

Der Narr

D er Narr repräsentiert einen Neuanfang, ungenutztes Potenzial und einen neuen Start ins Leben. Oftmals braucht es die Bereitschaft zum Sprung ins Unbekannte. Der Fragende wird dazu gedrängt, sich vorwärts zu bewegen und neue Herausforderungen anzunehmen. Allerdings kann das Ergebnis unsicher sein. Daher bedarf es seinerseits an Risikobereitschaft, wenn er diesen Weg einschlägt.

Diese Karte zeigt den unschuldig aussehenden und sorgenfreien Jungen, glückselig und nicht wissend, dass sein nächster Schritt zum Fall führen könnte . Wenn diese Karte erscheint, warten neue Möglichkeiten am Horizont. Allerdings wird nicht alles nach Plan verlaufen und wir sollten das Unerwartete erwarten. Der Fragende begibt sich auf eine Reise der Selbstfindung und könnte von Enthüllungen überrascht werden. Obwohl diese Karte nahelegt, dass der Fragende die Zuversicht und den Idealismus für den Sprung in die nächste Lebensphase besitzt, warnt sie

Magier
Der Magier weist auf Orientierung im Fragenden selbst oder seitens einer außenstehenden Quelle hin.

dennoch vor blindem Vertrauen und Naivität in Entscheidungssituationen. Etwas Vor- oder Umsicht empfiehlt sich.

Der Magier

Der Magier besitzt das Wissen und die Kontrolle über die vier Elemente und die Symbole der vier Farben. Das deutet darauf hin, dass der Fragende die Einbildungskraft, Entschlossenheit,

Selbstsicherheit und inneren Gaben hat, um sich und seine Fähigkeiten zu entwickeln. Wenn der Magier auftaucht, sollte der Fragende nach Gelegenheiten suchen, sein Talent, sein Geschick und seine kreativen Fähigkeiten voll auszunutzen. Der Fragende sollte seine innere Kraft anzapfen, auch wenn er sich ihrer noch nicht voll bewusst ist, anstatt sein Licht unter den Scheffel zu stellen. Das Leben öffnet sich und es müssen Entscheidungen getroffen werden. Möglicherweise umgibt den Fragenden auch ein Element der Betrügerei oder Manipulation. Orientierung könnte in Form seiner eigenen Intuition und seines inneren Wissens kommen oder in Gestalt einer Person, die als kraftvoller Beschleuniger für Veränderungen und einen Wandel fungiert.

Narrensicher

Früher stand der Narr am Ende der Kartenserie. Im modernen Tarot steht der Narr immer für die Zahl Null und für den Beginn einer Reise.

INTUITION UND HARMONIE

Die Hohepriesterin und die Herrscherin repräsentieren entweder eine wichtige Frau oder die feminine Seite des Fragenden. Die Hohepriesterin weist auf die intuitive Seite des Fragenden hin, auf unbewusste und oft versteckte Gefühle und Gaben. Die Herrscherin steht für den zyklischen Charakter und die Harmonie der Natur und erinnert an Wachstum und Produktivität. Physisches und emotionales Wohlbefinden werden ebenso angesprochen.

Gebieterisch
Die Hohepriesterin des Egipcios-Kier-Tarot.

Floral
Die Hohepriesterin des Waite-Tarot.

III — THE EMPRESS

Königlich
Die Herrscherin des
Morgan-Greer-Tarot.

Stark
Athene ist in
der griechischen
Mythologie für
Stärke und
Weiblichkeit
bekannt.

Entspannt
Die Herrscherin des
Motherpeace-Tarot.

Hohepriesterin und Herrscherin

In das Okkulte eintauchen
*Der Symbolismus der Karten
beinhaltet die Geheimnisse der
okkulten Welt.*

Die Hohepriesterin

Diese Karte verweist auf Intuition, übersinnliche Fähigkeiten und spirituelles Wissen. Der Fragende kommt in eine Phase des Lernens und wird von esoterischen Dingen angezogen, vielleicht durch einen Traum, ein Buch oder eine Person. Diese Person wird ihn über die Geheimnisse der okkulten Welt und über das Unbewusste aufklären. Die Hohepriesterin legt ebenso nahe, dass die Einsicht und die intuitiven Kräfte des Fragenden verstärkt und Orientierung bieten werden. Der Eintritt in die Welt der Träume und Symbole kann neue Einsichten und die faszinierende Entdeckung von Fähigkeiten bieten, von deren Existenz der Fragende bisher nichts wusste. Es gibt allerdings Fallen auf dieser Entdeckungsreise und der Fragende muss seine Intuition einsetzen, um zwischen Wahrheit und Schein zu unterscheiden. Wenn die Karte umgekehrt ist, ist der Fragende weniger introspektiv und eher bereit mit anderen zu interagieren, um Orientierung zu finden.

Die Herrscherin

Die Herrscherin ist die göttliche Erdmutter und symbolisiert den Überfluss der Natur sowie Fruchtbarkeit und Wachstum. Sie erinnert daran, dass sich alles in Zyklen bewegt und zu gegebener Zeit reift. Wenn diese Karte erscheint, kann der Fragende seine Umstände durch Rückgriff auf seine eigene Weisheit, Stärke und Kreativität verbessern. Etwas kommt zur Reife und eine starke Sehnsucht wird erfüllt. Eine kreative und produktive Phase wird angekündigt. Diese könnte sich in einer Hochzeit, der Geburt eines Kindes oder in einem Umzug manifestieren.

Diese Karte ist besonders verheißungsvoll, wenn der Fragende bald heiratet, ein Haus baut oder ein Kind bekommt, weil sie bedeutet, dass das starke Bedürfnis nach emotionalem Wohlbefinden erfüllt werden wird. Sie steht auch mit dem Genuss einfacher Lebensfreuden in Verbindung. Die Herrscherin kann als Frau erscheinen, die diese Prinzipien verkörpert, und als Vorbild für den Fragenden fungieren. Obwohl die Herrscherin die Erdmutter darstellt, kann sie umgekehrt auch auf mütterliche Zurückweisung hindeuten.

KONTROLLE UND ORDNUNG

Beide Karten haben mit dem Schaffen von Ordnung zu tun. Der Herrscher bedeutet innere Kontrolle, Disziplin, Willenskraft und die Notwendigkeit für den Fragenden, sein Leben selbst in die Hand zu nehmen und sich seines Einflusses auf andere bewusst zu sein. Der Hohepriester verweist auf den Bedarf an Ordnung und Bewusstsein sowie auf Kontakt mit seiner spirituellen Seite.

THE EMPEROR   L'EMPEREUR

Wohlhabend
Der Herrscher des
Zigeuner-Tarot.

THE EMPEROR.

Thronend
Der Herrscher des
Visconti-Sforza-Tarot.

Alt
*Der Hohepriester
des Haindl-Tarot.*

Weise
*Der Hohepriester des
Visconti-Sforza-Tarot.*

The Hierophant

Richtungsweisend
*Der Herrscher und der Hohepriester bieten Kontrolle,
Ordnung und Orientierung in einer chaotischen Welt.*

Herrscher und Hohepriester

Einfluss der Sterne
*Astrologischer Symbolismus ist oftmals
Teil der Bedeutung der Karten.*

Der Herrscher

Wenn der Fragende diese Karte zieht, befindet er sich in einer starken und gefestigten Position und hat Zuversicht und Ehrgeiz, um seine Ziele zu erreichen. Der Herrscher steht für Kraft, Selbstkontrolle, Disziplin und einen ethischen Code. Seine Wahl deutet an, dass der Fragende bereit ist, sich in der Welt zu etablieren. Dies kann sich manifestieren in Form größerer Verantwortungsübernahme, einer Geschäfts-

gründung oder dem Ausprobieren von neuen Ideen. Es ist Zeit zu handeln, um Ziele zu verwirklichen und Erfolg zu erlangen. Dafür wird der Fragende seine inneren Ressourcen anzapfen und seiner Überzeugung gemäß handeln müssen. Vielleicht ergibt sich die Möglichkeit, eine einflussreichere Rolle zu spielen oder Kontrolle zu übernehmen. Dies kann durch eine Beförderung oder Anerkennung geschehen, die Ehre und Status mit sich bringt. Die Karte könnte für einen Menschen im Leben des Fragenden stehen, der mächtig, autoritär und vielleicht diktatorisch ist. Es ist jemand, der vertrauenswürdig, solide und verlässlich ist und an den sich der Fragende hilfesuchend wenden kann.

Der Hohepriester

Ursprünglich stand diese Karte für religiöse Anleitung. Der Hohepriester oder Papst repräsentiert spirituelle Macht, innere Weisheit und höheres Bewusstsein. Sein Erscheinen deutet darauf hin, dass der Fragende in sich nach spirituellen oder philosophischen

Antworten suchen muss. Er mag sich zum Studium eines Fachs hingezogen fühlen, das seinem wachsenden spirituellen Bewusstsein entspricht, um seinem Leben einen sinnvollen Rahmen zu geben. Wenn sich der Fragende in einer Krise befindet, kann diese Karte manchmal bedeuten, dass ein Lehrer, Mentor, Vertrauter oder Therapeut in sein Leben tritt, um ihn zu führen und zu unterstützen. Dieser wird ihm helfen, ein Glaubenssystem oder eine persönliche Philosophie zu entwickeln. Er oder sie wird mitfühlend, emphatisch und verstehend sein und großen Einfluss haben. Die Karte verweist auch darauf, dass er bei Entscheidungen offen für neue Perspektiven bleiben sollte, statt einem bekannten Weg zu folgen. Auf jeden Fall sollte der Fragende nach seinem Gewissen handeln.

Lernen

Der Hohepriester steht für Ausbildung und Selbstverwirklichung. Das deutet auf Selbsterkenntnis oder auf einen Mentor hin, der den Fragenden führen wird.

ENTSCHEIDUNGEN UND KRÄFTE

Die Liebenden deuten darauf hin, dass eine Entscheidung getroffen werden muss – nicht unbedingt in Liebesangelegenheiten –, die wahrscheinlich weitreichende Konsequenzen hat. Der Wagen verweist ebenso auf zwei gegensätzliche Kräfte. Gefühl und Verstand könnten unterschiedliches Verhalten empfehlen und der Fragende muss eine Entscheidung treffen, mit der er zufrieden ist. Die Herausforderung liegt darin, das Gleichgewicht zu suchen.

Höfliche Liebe
*Die Liebenden
des JJ-Swiss-Tarot.*

Heiße Leidenschaft
*Die Liebenden des
Golden-Dawn-Tarot.*

Cupido
Diese mythische Figur bringt Liebende zusammen.

VII

CHARIOT.

® 1990 U.S. Games Systems, Inc.

Doppelte Sphinx
Der Wagen des Universal-Waite-Tarot.

7

Le Chariot **The Chariot** Il Carro

Der Triumphwagen El Carro

Pferde-gespann
Der Wagen des Barbara-Walker-Tarot.

Liebende und Wagen

Die Liebenden
*Diese Karte symbolisiert einen
starken Bund wie Freundschaft,
Partnerschaft oder Ehe.*

Die Liebenden

Diese Karte bezieht sich nicht einfach auf Liebe und Partnerschaft, sondern auf Veränderung und deutet auf eine schwierige Entscheidung hin. Dies könnte eine Entscheidung in der Liebe sein, wenn sich der Fragende zwischen zwei Menschen entscheiden muss, zwischen Liebe und Karriere oder zwischen zwei anderen inkompatiblen Dingen. Oftmals ist dies eine herzzerreißende Entscheidung, weil der Fragende weiß, dass er – welche Entscheidung er auch trifft – sicherlich Opfer bringen muss. Er weiß auch, dass die Folgen der Entscheidung große Auswirkungen haben werden und sie deshalb nicht leichtfertig getroffen werden kann. Das Dilemma, zwischen Herz und Verstand hin- und hergerissen zu sein, steht oftmals im Zentrum der Bedeutung. Aber die Karte verweist auch darauf, dass der Fragende, der das Für und Wider abwägt, eher eine richtige Entscheidung trifft, wenn er seiner Intuition und nicht seinem Intellekt folgt. Es kann den Fragenden überraschen, dass die Entscheidung aus dem Bauch heraus und nicht durch den Verstand getroffen wird. Eine Beziehung kann auf die Probe gestellt werden, sodass der Fragende erkennt, was ihm am wichtigsten ist. Wenn die Karte umgekehrt erscheint, kann dies bedeuten, dass der Fragende zu dieser Zeit keine Partnerschaft erwarten darf.

Der Wagen

Der Wagen, der manchmal auch Sieg genannt wird, symbolisiert das Bedürfnis nach Selbstkontrolle, Disziplin und Willenskraft. Der Fragende ist aufgefordert, gegensätzliche Kräfte im Gleichgewicht zu halten und Stabilität zu erhalten. Diese Karte zeigt oft zwei Pferde, die in unterschiedliche Richtungen ziehen: Der Fragende kämpft mit zwei gleich starken, aber widersteitenden Sehnsüchten. Zum Beispiel könnte er unbedingt ein bestimmtes Ziel erreichen wollen, während ein anderer Teil seiner Persönlichkeit diesem Weg auf keinen Fall folgen will. Er wird alle Kraft und Energie brauchen, um die Widersprüche zu versöhnen und den Konflikt zufriedenstellend zu lösen.

Sobald er Frieden mit sich selbst schließen kann, wird sich der Fragende vorwärts bewegen und einen bewussteren Weg finden, um sein Leben selbst bestimmen zu können. Die Karte kann auch andeuten, dass sich der Fragende in Konkurrenz mit anderen befindet und seine kompetitiven Instinkte wecken sollte. Wenn er diese Energien zähmen und auf ein Ziel ausrichten kann, wird er letztlich erfolgreich sein. Eine umgekehrte Karte zeigt an, dass der Wagen nicht stark genug ist, um eine Situation zu kontrollieren. Diese Einsicht kann helfen, Stress zu vermeiden.

GERECHTIGKEIT UND REFLEXION

Gerechtigkeit ist eine der drei Kardinaltugenden der Großen Arkana (neben Kraft und Mäßigkeit). Diese Karte bedeutet Fairness, Mäßigung und Balance. Nach einem Richterspruch oder einer anderen Entscheidung könnte der Fragende Zeit brauchen, um darüber nachzudenken. Der Eremit zeigt an, dass eine Zeit der Ruhe für mentales und spirituelles Wachstum gebraucht wird.

Rote Roben
Die Gerechtigkeit des Kräutertarot.

Grünes Wachstum
Die Gerechtigkeit des astrologischen Tarot.

Klarsicht
In Gerichten wird die Gerechtig-keit oft blind dargestellt. Im Tarot sieht sie immer klar.

Den Weg erhellend
Der Eremit des Haindl-Tarot.

The Hermit

Bunt
Der Eremit des Visconti-Sforza-Tarot.

Gerechtigkeit und Eremit

Gerechtigkeit

Diese Karte zeigt oft die Waage der Gerechtigkeit und das Schwert, das Unehrlichkeit und Täuschung durchschneidet und eine gerechte Lösung schafft. Wenn diese Karte auftaucht, kann dem Fragenden eine schwierige Entscheidung bevorstehen, die sorgfältig abgewogen werden muss. Dies kann ein rechtliches Problem, eine Gerichtsverhandlung oder eine Prinzipiensache einschließen. Sie bedeutet, dass Gerechtigkeit geübt wird, solange der Fragende an seiner Überzeugung und seiner Integrität festhält. Manchmal gibt eine andere Person Hilfe und Rat.

Wenn der Fragende einen ausgewogenen Blick behält und die Verantwortung für seine Situation übernimmt, wird seine Position gestärkt. Er kann Entscheidungen treffen und für seine Überzeugung kämpfen. Die Karte verweist oft auf einen moralischen oder rechtlichen Sieg, bei dem sich der Fragende durch das gerechte Ergebnis bestätigt fühlt. Wenn die Karte umge-

Enthüllendes Licht
Die Laterne, die der Eremit trägt, signalisiert die Erleuchtung durch den Blick nach innen.

kehrt ist, weist sie auf eine Ungerechtigkeit hin, sodass der Fragende wachsam sein und tief in ihm nach der Wahrheit suchen muss.

Der Eremit

In der Geschichte haben sich Eremiten von ihrer Umgebung distanziert, indem sie wortwörtlich durch die Wildnis oder metaphorisch durch die Meditation gingen, um sich von den Fallen der menschlichen Gesellschaft zu befreien und spirituelle Erleuchtung zu finden. Die Karte zeigt oft an, dass der Fragende eine Zeit der Einsamkeit oder Isolation braucht, um über seine Situation nachzudenken. Meditation, Studien und ruhiges Nachdenken schaffen innere Ruhe und lassen den Fragenden spirituell und mental wachsen. Vieles wird ans Licht kommen und er wird tiefere Wahrheiten über sich erfahren. Wenn er nicht weiß, welchem Weg er folgen soll, wird die allein verbrachte Zeit helfen, die nächsten Handlungen intuitiv zu erfassen. Ob freiwillig oder erzwungen, diese Einsamkeit ermöglicht viele Einsichten und ist notwendig für Entwicklung und Wachstum. Der Fragende ist außerdem dazu aufgefordert, geduldig zu sein, den Wert der Langsamkeit zu erkennen und sich über sein Leben klar zu werden. Eine ältere oder weisere Person könnte dem Fragenden Rat und Unterstützung bieten, aber diese Person wird als Spiegel des weisen Führers und Lehrers fungieren, der in der Psyche des Fragenden schon anwesend ist und an den er sich zur inneren Orientierung wenden kann.

ANFANG UND RESSOURCEN

Die Gemeinsamkeit der Karten Kraft und Schicksal ist die Veränderung. Das Leben verläuft meistens zyklisch, aber wenn eine Periode endet und eine andere beginnt, brauchen wir manchmal Hilfe, um mit den Veränderungen fertig zu werden. Während das Rad des Schicksals einen Neuanfang signalisiert, weist die Kraft auf die physischen, geistigen und spirituellen Ressourcen hin, die wir brauchen, um mit dem Unbekannten in der nächsten Lebensphase umgehen zu können.

Schlange

Das Rad des Schicksals des Papus-Tarot. Die Schlange repräsentiert Tod und Zerstörung.

Anubis

Das Rad des Schicksals des Egipcios-Kier-Tarot. Anubis ist ein Symbol für Wiedergeburt.

Zusammengerollte Schlange
Kraft des Geistigen Tarot. Die Schlange symbolisiert sexuellen Zauber.

Löwenzähmer
Die Kraft des Oswald-Wirth-Tarot. Der Löwe repräsentiert Leidenschaft.

Schicksal und Kraft

Das Rad des Schicksals

Diese Karte ist schwierig zu interpretieren, weil sie Ereignisse ankündigt, die sich der menschlichen Kontrolle entziehen. Wenn diese Karte gezogen wird, deutet das darauf hin, dass der Fragende das Ende eines Zyklus erreicht hat und eine neue Phase beginnt. Sie erinnert an den Kreislauf der Natur, etwa die Jahreszeiten, aber diese Ereignisse liegen außerhalb unserer Kontrolle. Unerwartete Veränderungen stehen an, und weil diese oft unangekündigt geschehen, scheint es, als ob das Schicksal eine Situation bestimmt und der Fragende keine Kontrolle hat. Das kann aufregend oder beunruhigend sein, weil es keine Sicherheit gibt, ob diese Veränderungen positiv oder negativ sein werden. Sie könnten in Zusammenhang mit einer Beziehung, mit der Arbeit oder dem Zuhause stehen, den gewohnten Lebensablauf des Fragenden stören und daran erinnern, dass nichts immer gleich bleibt. Es kann notwendig sein,

Sich ewig drehend
Das Rad ist ein Symbol der Veränderung und verkörpert die Idee der zyklischen Evolution.

die Vergangenheit loszulassen, um fortzuschreiten, aber der Fragende kann sich damit trösten, dass es manchmal nötig ist, sich nach unten zu bewegen, um dann wieder aufzutauchen. Eine neue Möglichkeit des Wachstums kündigt sich an, entweder in Gestalt einer Person oder einer Situation, welcher der Fragende begegnen wird. Umgekehrt bedeutet das Rad des Schicksals keine schlechte Zukunft, sondern deutet an, dass der Fragende nicht empfänglich für Veränderung ist.

Die Kraft

Der alte Name der Karte war Fortitude, was Entschlossenheit, physische Stärke und Durchhaltevermögen im Umgang mit Herausforderungen bedeutet. Wenn der Fragende diese Karte aussucht, muss er seiner Überzeugung gemäß handeln sowie Charakterstärke und Selbstbewusstsein beweisen, um erfolgreich zu sein. Das kann sich auf Materielles beziehen, wenn er nach Überwindung von Hindernissen seine Pläne in die Tat umsetzt. Oder die Karte verweist auf spirituelle Kraft, wenn er mit den eigennützigeren oder negativen Aspekten seines Charakters umgeht. Die Karte weist auch auf kreative Fähigkeiten hin und deutet an, dass der Fragende sein verborgenes Potenzial anzapfen kann. Ein plötzlicher Kreativitätsschub wirkt sehr erhebend. Mehr Wissen über innere Talente und Fähigkeiten wird das Selbstwertgefühl des Fragenden und den Glauben an die Selbstbestimmung beflügeln. Wenn die Karte umgekehrt erscheint, kann die Entschlossenheit des Fragenden durch Selbstzweifel getrübt sein.

HINDERNISSE UND ENDE

Das seltsame Bild des Gehängten macht Menschen oft Angst, aber es verweist eher auf eine Phase, in der Veränderung möglich ist, als auf das tatsächliche Ereignis einer solchen Hinrichtung. Ebenso bedeutet die Karte Tod nur sehr selten einen wirklichen Tod, sondern eher das Ende einer Ära. Beide Karten verweisen auf das Ende einer Phase, aber ein Neuanfang wird ebenso angedeutet.

Frau
Die Gehängte des Shining-Woman-Tarot.

The Hanged Man

Im Regenbogen
Der Gehängte des Haindl-Tarot.

The HANGED WOMAN
12

Niedlich
*Der Gehängte des
Oswald-Wirth-Tarot.*

Wie ein Löwe
*Der Tod im
Ukiyoe-Tarot.*

Skelett
*Der Tod des
Thoth-Tarot.*

Der Gehängte und der Tod

Das innere Selbst finden
*Der Gehängte signalisiert einen
Wendepunkt, oft in Richtung auf
ein spirituelleres Leben.*

Der Gehängte

Diese Karte ruft oftmals Angst
hervor, aber tatsächlich verweist
sie nicht auf eine körperliche
Bestrafung. Der Gehängte weist darauf
hin, dass der Fragende in der Luft hängt
und – wenigstens zum gegenwärtigen
Zeitpunkt – nicht in der Lage ist, diesen
Zustand zu ändern. Ein Gefühl des
Gefangenseins führt zu Angst, Unruhe
und einer tiefen Unsicherheit. Der

Fragende könnte etwas Wertvolles
opfern müssen, um voran zu kommen.
Das muss freiwillig geschehen und im
Bewusstsein, dass – obwohl etwas
verloren wird – etwas anderes, vielleicht
Wertvolleres gewonnen wird, das die
Lage letztendlich verbessert. Das
Bewusstsein des Fragenden wird
erweitert und er könnte eine spirituelle
Transformation erfahren, auch wenn er
sich dessen noch nicht bewusst ist. Es
kann eine schmerzvolle Zeit sein, wenn
der Fragende weiß, was aus seinem
Leben verschwindet. Er kann nur daran
glauben, dass sich die Dinge zum
Besseren verändern. Ein Wendepunkt ist
erreicht. Die Umstände müssen aus
einem anderen Blickwinkel betrachtet
werden, um neue Perspektiven zu
gewinnen. Geduld und Selbstreflexion
können dem Fragenden Erleuchtung,
Freiheit und Frieden bringen.

Der Tod

Wie der Gehängte, so wird auch die
Karte Tod oftmals unnötig gefürchtet. Sie
verweist nicht auf einen bevorstehenden

Todesfall. Tatsächlich zeigt sie das Ende eines alten Lebensweges an und deutet darauf hin, dass der Fragende sich in eine neue Phase begibt. Dafür wird er die Vergangenheit los- und hinter sich lassen müssen. Das kann das Ende einer Beziehung einschließen, den Verlust eines Arbeitsplatzes oder einer Lebensweise. Welcher Wandel sich auch immer ankündigt, der Fragende braucht Mut, um der Tatsache ins Auge zu sehen, dass er nicht länger an der Vergangenheit festhalten kann. Eine komplette Transformation wird dem Fragenden angeboten und er könnte sich einer neuen Umgebung, einer neuen Beziehung oder neuen Herausforderung gegenüber sehen. Manchmal verweist diese Karte auf eine Hochzeit, eine Veränderung im Job oder die Chance eines Neustarts. Es kann auch sein, dass er eine neue Ein-stellung annehmen muss, um neue Mög-lichkeiten nutzen zu können.

Wenn die Karte Tod umgekehrt auf-taucht, verweist sie auf einen Stillstand im Leben des Fragenden, vielleicht weil er Veränderung nicht zulässt.

BALANCE UND FRUSTRATION

Mäßigkeit ist eine der drei Kardinaltugenden im Tarotdeck, die anderen sind Gerechtigkeit und Kraft. Die Schlüsselwörter hier sind Gleichgewicht und Mäßigkeit. Ein ausgewogener Blick muss vor einer Handlung gewonnen werden. Allerdings kann das Auftauchen des Teufels bedeuten, dass es dem Fragenden vorkommt, als werde ihm ständig ein Strich durch die Rechnung gemacht. Es muss ein Weg gefunden werden, um diese Frustration zu überwinden.

Opposition
Der Teufel des Visconti-Sforza-Tarot.

Die Mäßigkeit
des Morgan-Greer-Tarot.

Engelsgleich
*Mäßgkeitskarten machen
oft Gebrauch von
himmlischer Symbolik.*

Frustration
*Der Teufel des Golden-
Dawn-Tarot.*

Balance
*Die Mäßigkeit des
Motherpeace-Tarot.*

67

Mäßigkeit und Teufel

Harmonie
*Mäßigkeit bedeutet das An-
nehmen einer ausgewogeneren
Lebensweise.*

Mäßigkeit

Die Karte Mäßigkeit signalisiert,
dass der Fragende einen aus-
gewogenern und gemäßigteren
Ansatz sowohl sich selbst als auch
anderen gegenüber wählen sollte. Statt
wie üblich einen extremen Standpunkt
einzunehmen oder der Gewohnheit zu
folgen, auf eine Situation zu schnell
oder zu emotional zu reagieren, muss
der Fragende geduldig und mifühlend
werden und sich Zeit nehmen, seine

Gefühle zu verstehen. Ein starkes
Element der Kooperation wird durch
diese Karte angezeigt, durch das der
Fragende sowohl Hilfe gibt wie auch
empfängt. Die Karte verweist auch auf
eine glückliche und harmonische
Beziehung, ob in Freundschaft oder
Liebe. Wenn der Fragende exzessiv
gelebt hat, rät die Karte Mäßigkeit
dazu, sich zu kontrollieren und
Kompromisse einzugehen. Dies kann
eine umsichtigere Haltung bezüglich
Gesundheit oder Finanzen einschließen
– vielleicht durch eine Mäßigung beim
Essen oder Trinken und anderen
extravaganten Tendenzen. Bereitschaft
zur Veränderung kann zu einm glücklicheren und ausgewogen Leben führen.

Umgekehrt kann die Karte bedeuten,
dass der Fragende nicht fähig ist, sich
moderat zu verhalten.

Der Teufel

Der Teufel ängstigt oftmals Tarotneu-
linge, aber er verweist nur selten auf
Unheil. Der Teufel kann jede Situation
repräsentieren, in der sich der Fragende

durch jemanden oder etwas gefangen
fühlt. Er kann durch ungünstige Umstände
ärgerlich, frustriert oder wütend sein. Diese
Gefühle können trotzdem schwer
auszudrücken sein.

Es ist wichtig, dass der Fragende
realisiert, dass es – obwohl er in einer
schwierigen Situation gefangen scheint –
eine Lösung des Problems gibt, die er noch
nicht gesehen hat. Sobald er den Grund
seiner Schwierigkeiten wahrnimmt und
Verantwortung dafür übernimmt, wird er
sich aus den Ketten befreien können, die
ihn an sie binden. Um dies zu tun, muss er
sich vielleicht mit gewissen Eigenschaften
oder Gewohnheiten konfrontieren, für die
er sich schämt. Die Herausforderung für
den Fragenden besteht darin, die
negativeren Gefühle zu erkennen und den
Mut aufzubringen, sich davon zu befreien.
Manchmal werden diese Eigenschaften
durch eine Person im Leben des Fragenden
repräsentiert, welche die Zügel in der
Hand hält und Kontrolle über ihn ausübt.

Umgekehrt verweist die Karte darauf,
dass der Fragende die Kraft finden kann,
um sich zu befreien.

UMBRUCH UND GLÜCK

Wieder lautet das Schlüsselwort Veränderung. Der Turm verweist auf einen dramtischen Umbruch, der schmerzvolle Folgen haben kann. Es handelt sich wahrscheinlich um eine verwirrende Zeit, aber diese könnte positive Folgen haben, wenn die Chance eines Neubeginns genutzt wird. Der Stern deutet auf eine bessere Zukunft hin. Sein Licht zeigt den Weg nach vorne.

Verwirrung
Der Turm des Universal-Waite-Tarot.

Drama
Der Turm des Ukiyoe-Tarot.

Glücksstern
*Der Stern des
Hexentarot.*

Leitendes Licht
*Der Stern des
Papus-Tarot.*

Turm und Stern

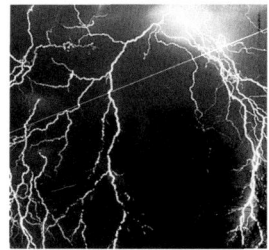

Blitz aus heiterem Himmel
*Der Turm steht für plötzliche
Veränderung, die zu neuen
Möglichkeiten führen kann.*

Der Turm

Der Turm symbolisiert einen dramatischen Wandel, der eine unerwartete Veränderung der Lebensumstände des Fragenden mit sich bringt. Umwälzungen und Rückschritte stehen wahrscheinlich an. Diese können sich als Ende einer Beziehung, als Arbeitsplatzverlust oder als andere Situation manifestieren, welche die Sicherheit des Fragenden bedroht. Diese Veränderungen kommen oft als Schock. Der Umbruch kann alles auf den Kopf stellen und komplett verändern. Wie der Fragende auf diese Ereignisse reagiert, wird das Ergebnis dieser verwirrenden Periode maßgeblich bestimmen. Ihm bietet sich die Möglichkeit, Werte, Lebensstil und Beziehungen neu zu bewerten und in Übereinstimmung mit seinem Selbst zu leben. Das kann auch bedeuten, dass alte Überzeugungen über Bord geworfen werden – besonders wenn sie zu festgefahren waren – und neue Einstellungen angenommen werden. Es kann auch den Ausbruch aus einer Situation bedeuten, die einengend und für die Entwicklung des Fragenden nicht mehr tragfähig ist. Die Chance eines Neubeginns wird angezeigt. Obwohl einige Illusionen zerstört worden sind, kann das den Weg für eine realistischere Neustrukturierung des Lebens ebnen. Diese Phase dient auf jeden Fall als Wandel zum Besseren.

Umgekehrt kann der Turm ein kleineres Chaos andeuten oder den Willen des Fragenden, im Chaos weiterzukämpfen, bzw. dass die schwierige Situation eine Weile andauern wird.

Der Stern

Der Stern ist die Karte der Hoffnung und kündigt Glück und Hoffnung auf eine bessere Zukunft an. Er kann Gesundung in physischem, mentalem oder spirituellen Sinn bedeuten und wiedergewonnenes Vertrauen in das Leben. Vielleicht war oder ist der Fragende von Schwierigkeiten umgeben, aber diese Karte deutet auf ein Licht am Ende des Tunnels hin. Ein neues Leben wird gezeigt. Weil der Stern eine wunscherfüllende Karte ist, kann man einem glücklichen Ausgang sicher entgegensehen. Vorausgesetzt der Fragende hält an seinem Glauben fest, dass er auch in schwierigen Zeiten geleitet wird, wird er bald die Freude wahren Glücks erfahren. Wenn er andererseits lange über etwas im Dunklen gehalten wurde oder um Fortschritt gekämpft hat, kündigt diese Karte baldige Hilfe an.

Umgekehrt weist die Karte auf schwindendes Selbstvertrauen und Optimismus hin. Dies könnte den Weg zum Glück blockieren.

ENTDECKUNG UND ERFÜLLUNG

Obwohl Sonne und Mond oft als Gegensätze angesehen werden, können im Tarot beide Erfüllung bedeuten. Der Mond kann darauf hindeuten, dass der Fragende nach einer Zeit der Unsicherheit und Verwirrung seine verborgene Tiefe entdecken wird. Die Sonne ist eine der verheißungsvollsten Karten des Tarot und weist auf Erfolg, Freude und das Erreichen eines persönlichen Ziels hin.

Entdeckung
*Der Mond des
Visconti-Sforza-
Tarot.*

18

La Lune   La Luna

Der Mond   **The Moon**

La Luna

Enthüllung
*Der Mond des
Barbara-Walker-Tarot.*

Erfolg
*Die Sonne des
Tarot de Marseilles.*

XIX

THE SUN

XIX

THE SUN

Freude
*Die Sonne des
Geistigen Tarot.*

Mond und Sonne

Doppelgesicht
*Das doppelseitige Gesicht des
Mondes symbolisiert Intuition
wie auch Täuschung.*

Der Mond

Wenn der Mond in einer Legung auftaucht, kann der Fragende in eine Periode eintreten, in der er empfänglicher für Intuition und Inspiration wird. Gleichzeitig wird er anfälliger für Selbsttäuschung, Fantasie und Illusionen, weil nichts so ist, wie es scheint. Es wird schwierig, Sein und Schein zu trennen, und das könnte zu Verwirrung und Unsicherheit führen. Es kann dem Fragenden so vorkommen, als ob er im Dunkeln tappt und kein Licht auf seine Situation werfen kann. Ein Gefühl der Orientierungslosigkeit macht sich breit und kann von Depressionen und Hoffnungslosigkeit begleitet werden. Wenn der Fragende irrationale Ängste hat, so haben diese vielleicht wenig mit der tatsächlichen Situation zu tun, erscheinen aber trotzdem sehr real. Er könnte sich selbst täuschen oder Opfer der Täuschung eines anderen sein. Oft gibt es eine betrügerische Unterströmung, die schwer festzumachen ist, den Umgang mit anderen aber sehr verwirrend macht. Positiver gesehen kann dies eine sehr kreative Zeit sein, in der sich dem Fragenden verborgene Aspekte seiner selbst durch Träume und intuitive Einsichten andeuten. Es kann allerdings eine Weile dauern, bis er bereit ist, ein klares Bild zu formen.

Die Sonne

Das Auftauchen der Sonne deutet darauf hin, dass der Fragende bald ein persönliches Ziel erreichen und die Früchte seiner Arbeit ernten wird. Sie ist

eine der positivsten Karten im Tarot und
weist darauf hin, dass der Fragende
jetzt die Energie und den Enthusiasmus
hat, um seine Ziele zu erreichen, und
dass es gute Gelegenheiten gibt, sein
Streben zu erfüllen. Wenn sich der
Fragende in letzter Zeit unterlegen
gefühlt hat, so wird er bald sicherer und
tatkräftiger werden und spüren, dass
jetzt viel mehr möglich ist.

Diese Karte kann auch eine kreative,
fruchtbare oder glückliche Phase in
persönlichen Beziehungen ankündigen.
Oft zeigt sie eine glückliche Ehe und
Zufriedenheit in der Liebe an. Der
Fragende schaut optimistisch in die
Zukunft. Er ist bereit, sich ins volle Leben
zu begeben. Weltlicher Erfolg ist
ebenso möglich: Die Sonne könnte eine
Beförderung oder höheren Status und
Ansehen bedeuten.

Graue Materie

Das kabbalistische Zeichen für Mond bedeutet
„Rückseite des Kopfes", das Zeichen für Sonne
bedeutet „ganzer Kopf", besonders ist die
„graue Materie" des Gehirns gemeint.

GELEGENHEIT UND BELOHNUNG

Belohnung für Bemühungen und der Beginn eines neuen Zyklus stehen im Zentrum dieser beiden Karten. Das Gericht verweist auf eine Versöhnung mit der eigenen Vergangenheit zugunsten des Fortschritts, während die Welt den erfolgreichen Abschluss einer Phase und den Beginn einer neuen Wachstumsphase symbolisiert.

Pharao
Das Gericht des Egipcios-Kier-Tarot.

Auf dem Wasser
Das Gericht des JJ-Swiss-Tarot.

Spitzen
Das Gericht des Tarot de Marseilles.

Universal
Die Welt des Thoth-Tarot.

Rundtanz
Die Welt des Papus-Tarots.

Gericht und Welt

Das Gericht

Die Karte des Gerichts zeigt den Abschied von der Vergangenheit und eine neue Lebensfrist an. Der Fragende hat die Möglichkeit, einen ehrlichen Blick auf sein Leben zu werfen und abzuwägen, wie treu er sich selbst gegenüber war. Um die Vergangenheit loszulassen, kann es nötig sein, frühere Fehler und Versagen zu akzeptieren, zu verzeihen und alle negativen Gefühle zu entlassen, die den Fragenden am Vorankommen hindern. Die Versöhnung mit Teilen seiner selbst und der eigenen Vergangenheit, die er verdrängt hat, wird ein wichtiger Aspekt dieses Vorgangs sein. Diese Karte erinnert mehr als alle anderen daran, dass wir ernten, was wir säen. Der Fragende kann sich darauf freuen, für vergangene Mühen belohnt zu werden. Dies könnte auf weltlicher Ebene geschehen, in Form einer Beförderung oder Erfolges, oder als spirituelle Erfüllung.

Es kann auch sein, dass man bisher ungenutztes Potenzial entdeckt und

Weltsicht
Die Gerichtsverhandlungen der Lebensreise münden in Erfüllung in der Welt.

Kreativität und Spiritualität entwickelt. Wenn der Fragende krank oder deprimiert war, kann er gesunden und eine Wiedergeburt oder spirituelle Erweckung erfahren.

Wenn die Karte umgekehrt erscheint, kann dies andeuten, dass der Fragende nicht einsieht, dass sich sein Leben weiterentwickelt hat.

Die Welt

Wie viele anderen Tarotkarten, z. B. das Rad des Schicksals, symbolisiert die Karte Welt Veränderung und verweist

auf das Ende eines Zyklus und den
Beginn eines anderen. Sie ist eine sehr
positive Karte, weil sie Erfolg und
Befriedigung ankündigt. Etwas wurde
erfolgreich beendet und der Fragende
wird für seine Mühen reich belohnt
werden. Weltlicher Erfolg könnte sich in
Form eines realisierten Traums einstellen.
Es kann sich auch um spirituelles Wohlbefinden und inneren Frieden handeln.

Durch die Prüfungen des Lebens hat
der Fragende Selbsterkenntnis und
spirituelles Verstehen gewonnen und
verschiedene Aspekte seiner selbst in ein
bedeutungsvolles Ganzes integriert. Er
hat allen Grund stolz zu sein auf das,
was er auf physischer und spiritueller
Ebene erreicht hat. Allerdings deutet
diese Karte auch an, dass er bald in
einen neuen Zyklus eintreten wird, der
Möglichkeiten und Herausforderungen für
künftiges Wachstum mit sich bringt.

Während all dies positiv ist, bedeutet
eine umgekehrte Welt-Karte nicht
unbedingt ein Scheitern, aber dass nichts
Bestimmtes erreicht wurde. Der Fragende
fühlt sich in der Luft hängend.

DIE GROSSE ARKANA AUFTEILEN

Man kann die Große Arkana in acht Kategorien einteilen, von denen jede einen anderen Aspekt unserer Erfahrungen beschreibt. Es ist wichtig zu erwähnen, dass sich einige dieser acht Kategorien überschneiden und so Karten mit mehr als einer Bedeutung auch in mehr als eine Kategorie fallen.

Verantwortung

Die zweite Kategorie heißt Verantwortung für andere und beinhaltet die Herrscherin, den Herrscher, das Gericht, die Mäßigkeit und die Liebenden.

Erleuchtung

Die erste Kategorie ist die innere Macht. Die Karten, auf die diese Bezeichnung zutrifft, sind der Herrscher, die Herrscherin, der Magier, die Hohepriesterin, der Hohepriester, der Eremit und die Welt.

Leben

Die dritte Kategorie ist das alltägliche Leben. Zu ihr gehören die Herrscherin, die Gerechtigkeit und der Teufel.

Schicksal

Die vierte Kategorie heißt Reaktion auf das Schicksal und die Karten sind das Rad des Schicksals, der Gehängte, der Tod, der Teufel, der Turm, das Gesetz, der Mond und der Stern.

Schwarz und Weiß

Kategorie sechs beinhaltet Karten von Licht und Dunkel. Es sind die gleichen Karten wie Kategorie vier: das Rad des Schicksals, der Gehängte, der Tod, der Teufel, der Turm, das Gesetz, der Mond und der Stern.

Wirklichkeit

Die fünfte Kategorie enthält Karten der Wirklichkeit und beinhaltet den Herrscher, den Wagen, die Kraft und die Sonne.

Träume

Kategorie sieben beinhaltet Karten des Träumens und Handelns. Es sind die Mäßigkeit, der Stern und der Wagen.

In Bewegung

Die Karten des Fortschritts, die in die achte Kategorie gehören, sind der Narr, der Wagen, das Rad des Schicksals, die Sonne, das Gesetz und die Welt.

Die vier Farben der Kleinen Arkana

Die Kleine Arkana
*Die vier Farben Kelche, Stäbe,
Münzen und Schwerter des Tarot
de Marseilles.*

Jede Farbe hat Karten von Ass bis
Zehn plus vier Hofkarten: Bube,
Ritter, Königin und König. Wenn
man die Bedeutung dieser Karten in
einer Legung bemisst, beachtet man die
Bedeutung der Farbe zusammen mit der
Zahl oder dem Geschlecht der Karte.

Die Farbe der Kelche

Die Farbe der Kelche repräsentiert
Situationen und Emotionen, die mit
Liebe, Freude, Erfüllung, Beziehungen,
tiefen Gefühlen, Kreativität und

Spiritualität in Zusammenhang stehen.
Sie wird mit Wasser und den Sternbildern Krebs, Skorpion und Fische
assoziiert. Der Fragende wird seiner
unbewussten Motive gewahr, lernt
seiner Intuition zu vertrauen und
entwickelt größere emotionale Reife.

Die Farbe der Stäbe

Die Farbe der Stäbe repräsentiert Energie, Einbildungskraft, Enthusiasmus,
Reisen, Wachstum, Fortschritt, Ehrgeiz,
harte Arbeit und Stärke im Zweikampf.
Diese Farbe verbindet man mit Feuer
und den Sternbildern Widder, Löwe und
Schütze. Feuer wirkt als Katalysator und
kann unsere Sicht der Dinge in etwas
Bedeutungsvolles verwandeln.

Die Farbe der Münzen

zeigt materielle und finanzielle Sicherheit an und eine Person, die einfalls-
reich, praktisch und verlässlich ist. Sie
wird mit Erde und den Sternzeichen
Stier, Jungfrau und Steinbock assoziiert.

Diese Farbe beschreibt die materielle und physische Welt, unser Selbstwertgefühl und wie es mit unseren Besitztümern und Verbindungen in Zusammenhang steht. Sie symbolisiert ebenfalls Erfolge und Verluste und das, was wir wirklich schätzen.

Die Farbe der Schwerter

Die Farbe der Schwerter ist mit mentaler und spiritueller Entwicklung, Macht, Handeln, Mut und zu überwindenden Hindernissen verbunden. Man assoziiert Luft, sowie Zwillinge, Waage und Wassermann. Das doppelseitige Schwert steht für Dualität – die stechende Klarheit des rationalen Verstandes macht größeres Verständnis möglich, aber kann als scharfe und schneidende Waffe auch verletzen.

Die Kleine Arkana

Diese Karten mit ihren Farben, Nummern und Bildern ähneln einem normalen Kartenspiel.

DIE ASSE

Die Asse als erste Karten der Farbe repräsentieren eine Basis und ein Sprungbrett. Sie stehen für kreatives Potenzial, für Neuanfänge und für eine Zeit, in der der Fragende handeln muss. Sie beinhalten die rohe und ungeteilte Energie und Macht ihrer Farbe und weisen darauf hin, dass sie neue Möglichkeiten für Wachstum und Veränderung schaffen, wenn der Fragende die Initiative ergreift.

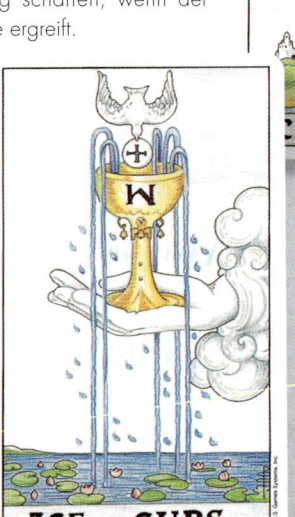

Stäbe
Das Ass der Stäbe symbolisiert das Element des Feuers.

Kelche
Das Ass der Kelche markiert den Beginn einer neuen Beziehung.

Münzen

*Das Ass der Münzen
verweist auf materiellen
Erfolg und Sicherheit.*

Schwerter

*Das Ass der Schwerter
zeigt mächtige neue Ideen
und klare Gedanken an.*

Vier Asse

Energie
*Inspiration, Aufregung und
Enthusiasmus werden vom Ass
der Stäbe signalisiert.*

Ass der Kelche

Eine verheißungsvolle Karte für
emotionale Erfüllung in einer be-
stehenden oder neuen Beziehung,
weil sie Liebe, Freude und Zufriedenheit
symbolisiert. Das Ass könnte eine Hochzeit, eine neue Liebe oder die Geburt
eines Kindes anzeigen. Für den Fragenden bricht eine glückliche, positive und
produktive Zeit an. Diese Karte kann
auch das Erwachen von kreativem
Talent und wachsendes spirituelles Verständnis anzeigen.

Ass der Stäbe

Diese Karte steht für Erneuerung und für
eine Welle von kreativer Energie, die
einen Neuanfang markiert. Der
Fragende ist voller Aufregung und
Inspiration und könnte ein neues Projekt
beginnen oder sich neue Ziele setzen.
Es ist der Beginn einer kreativen Phase
und obwohl harte Arbeit notwendig sein
wird, um die Bemühungen des Fragenden Früchte tragen zu lassen, wird
er die Reise genießen, wenn er an
seiner Vision festhält. Manchmal erfährt
er auch neues spirituelles Bewusstsein.

Ass der Münzen

Physisches und materielles Wohlergehen und ein Gefühl für innere Werte
auf einer soliden Basis werden durch
diese Karte angezeigt. Der Fragende
kann erwarten, mit seinem Los zufrieden
zu sein und Erfolg sowie Geld sind im
Stock. Das kann Ergebnis des eigenen
Mühens sein oder durch einen Glücks-
fall oder ein Vermächtnis kommen.
Investition in ein neues Geschäft oder
eine Beförderung verweisen auf

verbesserte Finanzen. Der Fragende hat sowohl die physische Energie als auch die materiellen Mittel, um seine Ambitionen umzusetzen.

Ass der Schwerter

Diese Karte verweist auf eine unausweichliche Veränderung sowohl auf äußerer als auch auf innerer Ebene. Der Fragende erfährt mächtige neue mentale Energie, die er lenken muss, um Herausforderungen zu bewältigen. Klares Denken und rationale Entscheidungen, werden ihm helfen, Hindernisse zu überwinden und fair und integer zu handeln. Manchmal verweist diese Karte auf den gerechten Ausgang einer juristischen Angelegenheit, trotz schwieriger Umstände. Oft wird der Fragende mit ungeahntem Mut und Entschlossenheit handeln.

Ass spielen

Die Asse sind die Grundlage jeder Farbe und stehen mit der kabbalistischen Idee des Lebensbaums in Verbindung (siehe S. 20–21). Jede Karte bietet besondere Möglichkeiten.

DIE ZWEI

Nach der Macht und der Energie der Asse geben die Zweien dem Fragenden nun die Möglichkeit, das Gleichgewicht wieder herzustellen und den Konflikt beizulegen. Eine Stärkung kündigt sich an, aber das könnte, wie im Fall der Zwei der Schwerter, auch auf eine Pattsituation hinweisen. Die Zweien symbolisieren Dualität und Einheit von Gegensätzen. Sie sind die Zahl der Harmonie und Kooperation und zeigen oft an, dass eine Entscheidung getroffen werden muss.

Überflutend
Die Zwei der Kelche im Thoth-Tarot.

Feurige Kreuze
Die Zwei der Stäbe im Thoth-Tarot.

Patt
*Die Zwei der Schwerter
im Thoth-Tarot.*

Yin und Yang
*Die Zwei der Münzen
im Thoth-Tarot.*

Vier Zweien

Gleichberechtigung
*Die Zwei der Kelche verweist auf
ein gutes Gleichgewicht des
Maskulinen und Femininen.*

Zwei der Kelche

Diese Karte beschreibt die Beziehung zwischen zwei Menschen und kann auf eine Liebesaffäre, eine Verlobung oder Heirat, eine Freundschaft oder eine Geschäftsbeziehung hinweisen. Sie zeigt Kompatibilität, Harmonie und emotionales Gleichgewicht in persönlichen oder geschäftlichen Beziehungen an, ebenso wie Versöhnung nach einem Streit oder einer Trennung. Es ist eine gute Karte, wenn der Fragende darüber nachdenkt, eine Beziehung zu beginnen, weil sie auf einen liebenden vertrauenswürdigen Partner hinweist. Umgekehrt zeigt die Karte an, dass der Fragende sich in einer unvollkommenen Beziehung oder Partnerschaft befindet.

Zwei der Stäbe

Diese Karte bedeutet, dass der Fragende bereit ist, eine Entscheidung über seine nächsten Schritte zu treffen. Neue Möglichkeiten bieten sich. Er wird sich auf seine Intuition verlassen und den Mut haben müssen, seiner Vision zu folgen. Vielleicht ist es nun an der Zeit, die Initiative zu ergreifen, um ein Ziel erreichen oder einen Wunsch zu erfüllen. Es könnte sich um eine Karriereentscheidung, etwa eine neue Geschäftspartnerschaft oder ein Projekt, handeln. Umgekehrt lässt er sich auf eine neue Herausforderung ein.

Zwei der Münzen

Der Fragende sollte seinen Sinn für Gleichgewicht in Bezug auf praktische Angelegenheiten und materielle Sicherheit bewahren. Er könnte durch eine Doppelbelastung gefordert sein und es kann dauern, bis es ihm gelingt, damit umzugehen. Vor allem sagt diese Karte, dass der Fragende Talent sowie emotionales und physisches Durchhaltevermögen besitzt, um erfolgreich etwas Neues zu beginnen. Umgekehrt bedeutet die Karte, dass es dem Fragenden immer schwerer fällt, das Gleichgewicht zu bewahren.

Zwei der Schwerter

Eine Pattsituation wird angekündigt, besonders wenn der Fragende aus Angst vor den Folgen keine Entscheidung trifft. Manchmal wird auch der Konflikt mit einer andern Person angezeigt, aber oft ist der Fragende mit sich selbst in Konflikt geraten und steckt nun fest. Er könnte in einer Situation gefangen sein, der er nicht ins Gesicht sehen will, aber bevor er nicht ehrlich zu sich selbst ist, wird er nicht handeln können. Wenn die Karte umgekehrt ist, könnte er empfänglicher für Hilfe von außen sein.

DIE DREI

steht für Kreativität, Wachstum, Aktion, Energie und Enthusiasmus. Der Fragende kann jetzt das genießen, was durch die Partnerschaften der Zweien erreicht wurde. Alle Probleme, denen er in der letzten Phase begegnet ist, sind nun gelöst und der Fragende kann sich in eine expansivere Phase begeben. Die Drei ist ein optimistisches Zeichen, mit Ausnahme der Drei der Schwerter, die auf Enttäuschung hinweisen kann.

Aktion
*Die Drei der Stäbe des
Morgan-Greer-Tarot.*

Enthusiasmus
*Die Drei der Kelche des
Morgan-Greer-Tarot.*

Energie
*Die Drei der Münzen
des Morgan-Greer-
Tarot.*

Wolken am Horizont
*Die Drei der Schwerter des
Morgan-Greer-Tarot.*

Vier Dreien

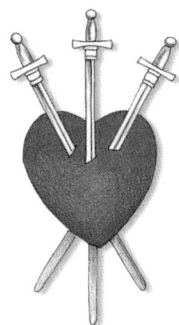

Durchstoßenes Herz
Verlust, Trennung und Herzschmerz werden durch die Drei der Schwerter signalisiert.

Drei der Kelche

Glück und ein gutes Schicksal werden mit dieser Karte assoziiert. Das könnte auf eine Feier wie eine Hochzeit oder die Geburt eines Kindes oder auf ein wundervolles gesellschaftliches Leben hinweisen. Es könnte sich auch um eine Geburt im symbolischen Sinn handeln, wenn der Fragende etwas beginnt, das ihm am Herzen liegt. Eine neue kreative Phase verspricht emotionale Erfüllung und frühere Schwierigkeiten können gelöst werden. Wenn der Fragende krank war, kann die Karte Heilung symbolisieren. Eine Enttäuschung kann anstehen, wenn sie umgekehrt erscheint.

Drei der Stäbe

Optimismus in Bezug auf neue Projekte kündigt sich mit dieser Karte an. Der Fragende ist voller Enthusiasmus und Inspiration und bereit, in die nächste Phase von etwas schon Begonnenem einzutreten. Ein erfolgreiches Ergebnis wird angekündigt, aber viel harte Arbeit geht dem voran. Trotzdem ist dies eine sehr gute Zeit für den Fragenden, um sich und seine Talente zu fördern, weil er seiner Überzeugung gemäß handelt. Umgekehrt verweist die Karte darauf, dass der Fragende zögert, etwas Neues zu beginnen.

Drei der Münzen

Diese Karte besagt, dass beharrliches Bemühen Erfüllung und Erfolg bringt. Der Fragende muss seine Fähigkeiten voll ausnutzen, sodass er auf den schon erreichten Erfolgen aufbauen kann. Er befindet sich in einer guten Position, um seine Talente zu entwickeln und jedes Projekt voranzutreiben. Er wird nicht nur für seine Mühen belohnt, sondern auch für seine Erfolge geschätzt und kann die tiefe Befriedigung und den Stolz getaner Arbeit genießen. Umgekehrt verweist die Karte darauf, dass der Fragende einer Aufgabe gegenüber gleichgültig ist.

Drei der Schwerter

Der Fragende sollte sich auf eine Enttäuschung oder einen Umbruch vorbereiten, wenn diese Karte auftaucht. Etwas endet in Schmerz und Sorgen. Die Karte könnte das Ende einer Beziehung, eine Trennung oder bitteren Streit anzeigen, aber dies geschieht unausweichlich und ist nötig, um den Weg in die Zukunft zu bereiten. Der Fragende muss ehrlich zu sich selbst sein, sodass er mit einer erschütternden Situation umgehen und den Heilungsprozess beginnen kann. Bei umgekehrter Karte zeigt sich Unwilligkeit, sich dem Umbruch zu stellen.

DIE VIER bedeutet Stabilität, Sicherheit, Struktur und Ordnung,

welche zuerst positive Attribute zu sein scheinen. Allerdings kann ihr Auftauchen abhängig von der Situation und den Erwartungen des Fragenden unterschiedliche Bedeutung haben. Sie kann Zufriedenheit, aber ebenso Unzufriedenheit anzeigen und könnte bedeuten, dass der Fragende harte Arbeit leisten muss, um einen neuen stabilen Zustand zu erreichen.

Gelangweilter Junge
Die Vier der Kelche des Universal-Waite-Tarot.

Glückliche Mädchen
Die Vier der Stäbe des Universal-Waite-Tarot.

Denkender Prophet
*Die Vier der Münzen des
Universal-Waite-Tarot.*

Versteinerter Schläfer
*Die Vier der Schwerter des
Universal-Waite-Tarot.*

Vier Vieren

Die Macht der Besitztümer
*Die Vier der Münzen signalisiert
eine zu große Betonung der
materiellen Besitztümer.*

Vier der Kelche

Beziehungen sind in dieser Zeit
anfällig für Langeweile und
Unzufriedenheit, und der
Fragende könnte ein starkes Bedürfnis
nach Veränderung spüren. Er könnte
Gefühle des Grolls oder der Enttäuschung hegen, etwa weil seine
Erwartungen nicht erfüllt wurden und er
sich deshalb im Stich gelassen fühlt.
Trotzdem gibt es die Gelegenheit zum
– wenn auch langsamen – Fortschritt,

wenn der Fragende einen neuen Ansatz
wählt, seine Situation neu bewertet und
Verantwortung für die gegenwärtige
Pattsituation übernimmt.

Vier der Stäbe

Diese Karte zeigt kreative Erfolge an
und dass der Fragende mit Grund
zufrieden mit seinem hart erarbeiteten
Erfolg sein kann. Er erntet jetzt die
Früchte seiner Arbeit und fühlt sich
sowohl auf persönlicher wie auch
beruflicher Ebene wohl. Der Fragende
kann eine Phase des Friedens und der
Ruhe genießen, vielleicht in einem
Urlaub. Danach wird er bereit sein,
noch härter für seine Ziele zu arbeiten.

Vier der Münzen

Diese Karte warnt vor Geiz oder einer
Überbewertung von Besitztümern aus
Angst vor Verlust. Wenn der Fragende
zu sehr daran festhält, gefährdet er
Fortschritt und Wachstum. Wenn auch
materielle und finanzielle Sicherheit
wichtig sind, so führt eine Überbeto-
nung doch nicht zu dem Wohlergehen,

das der Fragende sucht. Er wird mit sich selbst mehr im Einklang stehen, wenn er einsieht, dass sein Selbstwertgefühl nicht auf Besitz basiert.

Vier der Schwerter

Diese Karte signalisiert oft, dass der Fragende Zeit zum Alleinsein braucht, um sich auszuruhen und zu erholen. Es könnte sich um eine Zeit der Genesung nach einer Krankheit oder erschütternden Erfahrung oder um eine verdiente Ruhezeit nach harter Arbeit handeln. Der Fragende kann einen Rückzug aus den Anstrengungen des Lebens genießen und hat Gelegenheit, seine Batterien aufzuladen. Diese Zeit der Isolation kann freiwillig oder gezwungen auftreten, aber auch im letzteren Fall wird der Fragende bald erkennen, dass es sich um einen Segen handelt.

Quadrate

Wie auch ein Quadrat vier Seiten hat, so betont die Vier den Gedanken an Stabilität und Ordnung. Aber dies muss nicht langweilig sein, wir alle brauchen Struktur im Leben.

DIE FÜNF

ist eine Zahl der Veränderung und des Wandels. Sie kann Verlust und Bedauern oder Veränderlichkeit und Bewegung bedeuten. Es könnten Schwierigkeiten und Hindernisse vorausliegen, die – wenn überhaupt – nur mit Anstrengung überwunden werden können. Außerdem kann man kleinen Problemen nicht mehr aus dem Weg gehen. Das Meistern dieser beweglichen Energien braucht einiges an Geschick.

Enttäuschung
*Die Fünf der Kelche
des Thoth-Tarot.*

Kampf
*Die Fünf der
Stäbe des
Thoth-Tarot.*

Sorge
*Die Fünf der Münzen
des Thoth-Tarot.*

5

Worry

5

Defeat

Vernichtung
*Die Fünf der
Schwerter des
Thoth-Tarot.*

Vier Fünfen

Unglückliche Liebe
Die Botschaft der Fünf der Kelche könnte eine Enttäuschung in der Liebe sein.

Fünf der Kelche

Diese Karte wird von Enttäuschung und Bedauern begleitet. Der Fragende könnte über den Verlust einer Beziehung oder über eine falsche Entscheidung trauern. Ein Streit oder Bruch mit dem Partner könnte geschehen sein. Statt in Selbstmitleid und in der Vergangenheit zu schwelgen, sollte der Fragende einsehen, dass nicht alles verloren ist und es sich lohnt, sich für die Zukunft anzustrengen. Umgekehrt

zeigt die Karte an, dass der Fragende genau dazu bereit ist.

Fünf der Stäbe

Diese Karte deutet an, dass der Fragende bereit ist, in Wettstreit mit anderen zu treten, seine Fähigkeiten zu testen und Hindernisse zu überwinden. Dies könnte einen Kampf einschließen. Er wird beim Umgang mit einer schwierigen Situation mutig und geduldig sein müssen. Nichts läuft glatt und es wird wahrscheinlich Verzögerungen oder Diskussionen geben. Bei Verträgen oder Vereinbarungen sollte man Vorsicht walten lassen. Umgekehrt weist die Karte darauf hin, dass der Kampf hart sein wird. Die positive Bedeutung ist, dass eine Feindschaft beigelegt wird.

Fünf der Münzen

Diese Karte symbolisiert Verlust und Mühe. Der Fragende könnte das Vertrauen in sich selbst verlieren, vielleicht weil er finanziellen Verlust erlitten hat. Alternativ könnte es sich um Verlust oder Schwierigkeiten im emotionalen Leben handeln. Eine Lösung ist möglich, wenn er gewillt ist, seine Situation zu überprüfen, und er die Notwendigkeit einer neuen Einstellung realisiert. Ein Neubeginn in innerer und finanzieller Hinsicht wird angekündigt. Wenn die Karte umgekehrt ist, sieht das Leben schon wieder besser aus.

Fünf der Schwerter

Der Fragende könnte sich machtlos und chancenlos fühlen. Seinen Grenzen ins Auge zu sehen kann erniedrigend sein, aber wenn er seinen Stolz nicht herunterschluckt, wird es nicht vorwärtsgehen. Die volle Konzentration auf ein Ziel wird fruchtbar sein. Auch wenn die Karte Verlust andeutet, geht es voran, wenn der Fragende die Situation ehrlich konfrontiert. Umgekehrt zeigt die Karte an, dass der Fragende dazu auch bereit ist.

Gib mir Fünf

Die Fünf ist eine schwierige Karte, da sie Themen wie Verlust, Trauer und Bedauern anspricht. Beachten Sie S. 164 und 200.

DIE SECHS

ist die Zahl des Gleichgewichts, der Harmonie und des Dienens. Sie steht mit einem liebevollen Zuhause und der Familie in Zusammenhang und weist auf Erfolg und Anerkennung für harte Arbeit hin – eine Mischung aus Zufriedenheit mit der Gegenwart und der Vergangenheit. Sie zeigt positive Ereignisse und Gefühle an: sogar die Sechs der Schwerter weist auf den Übergang zum Besseren hin.

Dienen
Die Sechs der Stäbe des Morgan-Greer-Tarot.

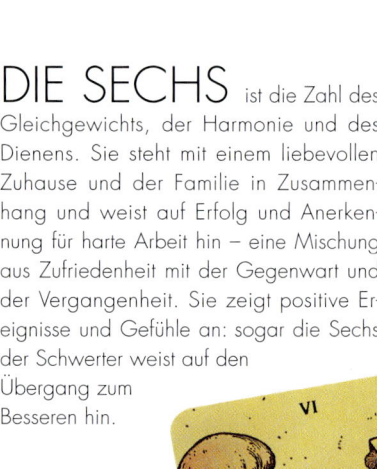

Harmonie
Die Sechs der Kelche des Morgan-Greer-Tarot.

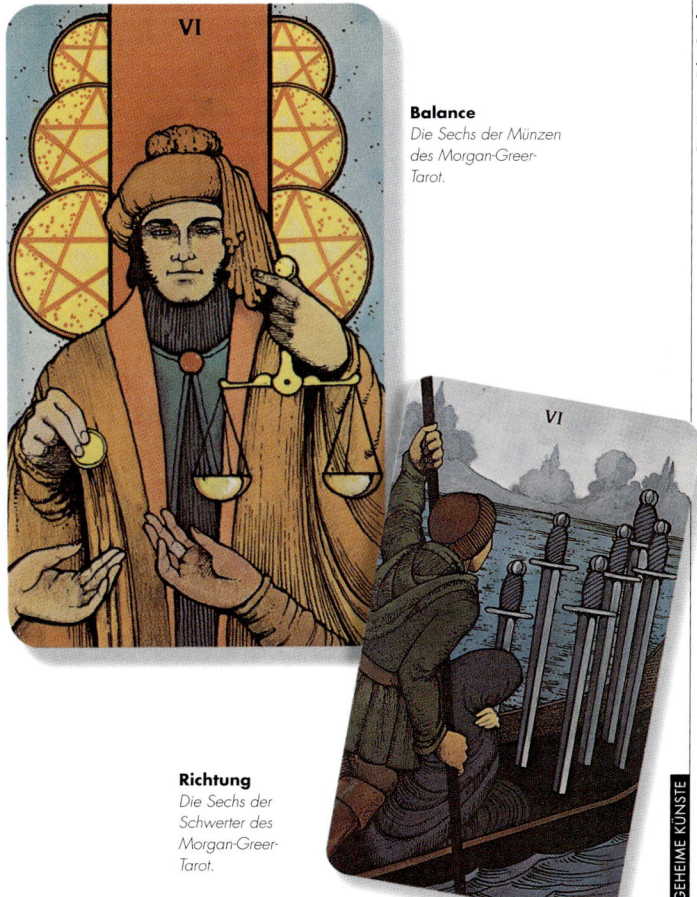

Balance
Die Sechs der Münzen des Morgan-Greer-Tarot.

Richtung
Die Sechs der Schwerter des Morgan-Greer-Tarot.

Vier Sechsen

Großzügigkeit
*Die Sechs der Münzen
repräsentiert Geben und
Nehmen.*

Sechs der Kelche

Der Fragende könnte über vergangenes Glück nachdenken. Ein Geliebter oder alter Freund könnte zur Hilfe kommen. Manchmal wird ein Wunsch wahr oder etwas, um das sich der Fragende bemüht hat, trägt Früchte. Kreatives Talent könnte gebraucht werden. Es ist Zeit, das Beste aus dem zu machen, das der Fragende jetzt hat und es mit positiven Aspekten seiner Vergangenheit zu verbinden.

Sechs der Stäbe

Dies ist die Karte des verdienten Erfolgs, die andeutet, dass frühere Bemühungen des Fragenden jetzt Früchte tragen. Sie weist auf Triumph und Sieg nach einem Kampf hin, wie auch auf Anerkennung und Belohnung für harte Arbeit. Der Fragende könnte gute Nachrichten bekommen, z. B. könnte sich seine finanzielle Lage durch eine Beförderung oder eine andere positive Veränderung verbessern. Es ist Zeit zum Feiern.

Sechs der Münzen

Der Glaube des Fragenden an die menschliche Natur wird wiederhergestellt und er gewinnt wieder Vertrauen ins Leben. Dies ist eine Karte des Gebens und Nehmens. Je großzügiger der Fragende zu anderen ist, desto mehr wird er selbst profitieren. Eine Schuld könnte bezahlt werden, der Fragende kann jemandem finanzielle Unterstützung anbieten oder er könnte von der Großzügigkeit eines anderen profitieren. Es herrscht das Gefühl des Überflusses und der Fragende wird

Freude am Teilen erfahren. Er könnte
jemanden treffen, der an sein Talent
glaubt, was Anerkennung widerspiegelt.
Größere Stabilität stellt sich ein.

Sechs der Schwerter

Diese Karte weist auf das Ende einer
anstrengenden Situation hin. Schwierigkeiten und Probleme werden gelöst oder
überwunden und für den Fragenden
bricht eine ruhigere und friedlichere Zeit
an. Obwohl nicht jedes Problem über
Nacht verschwindet, stehen die Dinge
deutlich besser und die Zukunft sieht rosig
aus. Manchmal repräsentiert ein Umzug
oder eine wichtige Reise das Ende einer
traurigen oder unruhigen Zeit.

Die Sechs und der Lebensbaum

Mittelalterliche Kabbalisten glaubten,
dass Gott die Welt in zehn Ausstößen
purer Energie (Sephiroth) geschaffen hat.
Um ihre Meditationen zu unterstützen,
konstruierten sie visuelle Abbildungen der
zehn Sephiroth, von denen die belieb-
teste der Lebensbaum war. Darin steht
die Sechs an zentraler Stelle.

DIE SIEBEN

verweist auf Weisheit, Philosophie, Spiritualität und übersinnliche Kräfte. Viele Zyklen der Natur korrespondieren mit der Sieben. Sie kann den Beginn oder das Ende eines Zyklus markieren. Eine Wahl oder Entscheidung muss getroffen werden. Die Spannung zwischen kreativer Imagination und Realität erzeugt eine Herausforderung, die mit viel Geschick, Willenskraft und Mut überwunden wird.

Spiritueller Reichtum
Die Sieben der Kelche des Universal-Waite-Tarot.

Scharfsinn
Die Sieben der Stäbe des Universal-Waite-Tarot.

Philosophisch
*Die Sieben der Schwerter
des Universal-Waite-Tarot.*

Reiche Ernte
*Die Sieben der Münzen
des Universal-Waite-Tarot.*

Vier Siebenen

Sieben der Schwerter
Sie verweist auf die Notwendigkeit von List und Tücke in einer schwierigen Situation.

Sieben der Kelche

Die Vorstellungskraft des Fragenden ist sehr aktiv. Der Fragende wird dazu aufgefordert, zwischen verschiedenen Optionen zu wählen. Es ist wichtig, zwischen realistischen und verfolgenswerten Ideen und reiner Fantasie zu unterscheiden und so ehrlich wie möglich mit sich selbst zu sein. Der Fragende wird umsichtig sein müssen, wenn er sich für eine Möglichkeit

entscheidet. Wenn die Karte umgekehrt erscheint, bedeutet das, dass er bereit ist, die notwendigen Schritte zu unternehmen, um seine Entscheidung in die Tat umzusetzen. Wenn die richtige Entscheidung getroffen wird, ist Glück wahrscheinlich.

Sieben der Stäbe

Dem Fragenden könnte eine Prüfung bevorstehen, für die er Geschick, Mut und Entschlossenheit braucht. Er kann diese Herausforderung bewältigen und wird trotz Schwierigkeiten Erfolg haben. Es könnte zum Wettbewerb mit anderen kommen. Obwohl der Fragende sich anstrengen muss, wird er letztlich belohnt werden. Um kreative Vorhaben steht es gut und es könnte zu einer Veränderung im Beruf kommen. Umgekehrt bedeutet die Karte, dass der Fragende nicht den Mut hat, sich der Prüfung zu stellen.

Sieben der Münzen

Obwohl der Fragende stolz auf das Erreichte sein kann, kann er sich nicht auf seinen Lorbeeren ausruhen. Erhoffte Resultate werden sich einstellen, wenn er sein Ziel im Blick behält. Falls er jetzt einen Rückschlag erleidet, wird er diesen überwinden, wenn er ausdauernd bleibt. Ebenso wird der Fragende bei der Entscheidungsfindung gut überlegen müssen, bevor er handelt. Geduld und entschlossenes Engagement werden Wachstum aufrechterhalten, aber wenn die Karte umgekehrt ist, wird der Fragende unzufrieden.

Sieben der Schwerter

Diese Karte betont den Bedarf an Tücke, List und Diplomatie in einer schwierigen Situation oder bei der Erreichung eines Ziels. Obwohl dies zu unguten Gefühlen führen kann, ist es nötig, weil eine direkte Konfrontation kontraproduktiv wäre. Wenn dem Fragenden mächtige Gegenwehr gegenübersteht, muss auf geschickte und intelligente Weise handeln. Er muss auch wachsam sein, um nicht betrogen zu werden. Umgekehrt verweist die Karte darauf, dass der Fragende klug handeln wird.

DIE ACHT

ist eine der mächtigsten Zahlen und symbolisiert Regeneration und positive Veränderung. Sie steht für materiellen Erfolg, weltlichen Reichtum, spirituelle Kraft und Gleichgewicht zwischen gegensetzlichen Kräften. Wenn die Acht auftaucht, steht dem Fragenden eine Zeit des Umbruchs im persönlichen, professionellen oder spirituellen Bereich bevor, die vielleicht nicht willkommen ist, bis sie erklärt wird.

Unter dem Regenbogen
Die Acht der Stäbe des Thoth-Tarot.

Regeneration
Die Acht der Kelche des Thoth-Tarot.

8

Prudence

Transformation
Die Acht der Münzen des Thoth-Tarot.

Spirituelle Kraft
Die Acht der Schwerter des Thoth-Tarot.

8

Interference

Vier Achten

Unentschlossenheit

Die Acht der Schwerter zeigt den
Wunsch nach Befreiung an, aber
auch Angst vor den Folgen.

Die Acht der Kelche

Diese Karte weist auf Veränderung und Umbruch hin. Eine Beziehung kann dem Ende nahen. Da er weiß, dass er dies nicht zu ändern vermag, könnte sich der Fragende deprimiert oder desillusioniert fühlen. Er sollte von nicht mehr Funktionierendem ablassen, auch wenn das schmerzvolle Entscheidungen nötig macht. Der Fragende erkennt, dass weiteres Wachstum ohne einen Neubeginn unmöglich

ist. Umgekehrt verweist die Karte darauf, dass es besser sein könnte, sich mit bestimmten Umständen abzufinden.

Acht der Stäbe

Nach einer Verzögerung beginnt nun für den Fragenden eine aufregende und lebendige Zeit. Die Dinge kommen in Bewegung und der Fragende ist voller Energie und Enthusiasmus. Dies könnte eine Auslandsreise, einen Umzug oder eine gute Nachricht von weither betreffen. Alternativ könnte eine arbeitsreiche Zeit mit viel geistiger Aktivität bevorstehen. Was der Fragende jetzt beginnt, wird bald beschleunigt werden, und bereits Begonnenes wird Fortschritte machen. Umgekehrt verweist die Karte auf Verzögerungen.

Acht der Münzen

Der Fragende erfährt tiefe persönliche Befriedigung durch den Einsatz seiner Talente und Fähigkeiten. Er könnte seine Fähigkeiten entwickeln oder vervollkommnen oder ein neues Talent entdecken, das zu einem emotional und finanziell lohnenden Beruf führen kann. Der Fragende ist bereit, inneres Potenzial zu entwickeln. Durch harte Arbeit, Anstrengung und eine Verbindung aus praktischem Geschick mit kreativer Fähigkeit wird er eine solide berufliche Basis schaffen und eine neue Lebensfrist genießen, egal wie alt er ist. Eine umgekehrte Karte weist darauf hin, dass der Fragende frustriert ist, weil er nicht die gewünschten Erfolge erzielt.

Acht der Schwerter

Der Fragende möchte sich aus einer schwierigen Situation befreien, aber er weiß nicht wie. Er könnte sich vor den Folgen fürchten oder er könnte von Konflikten umgeben sein, die er nur zögerlich konfrontiert. Er ist in seiner eigenen Unentschlossenheit gefangen. Die Situation ist vielleicht nicht so schwierig, wie er denkt, aber er muss ihr ehrlich ins Auge sehen, auch wenn dies zu Aufregung führt. Er muss seine eigene Verantwortung für das Dilemma erkennen. Umgekehrt verweist die Karte auf eine klare Lösung.

DIE NEUN

ist die Zahl der humanitären Dinge, der Perfektion und der transzendenten Liebe. Die Neun verweist auf die Befriedigung und den Drang vorwärtszukommen. Sowohl die Neun der Kelche als auch die Neun der Münzen sind verheißungsvolle Karten und signalisieren das Erreichen eines Ideals. Die Neun der Schwerter und die Neun der Stäbe sind wesentlich herausfordernder.

Befriedigung
Die Neun der Kelche des Morgan-Greer-Tarot.

Fortschritt
Die Neun der Stäbe des Morgan-Greer-Tarot.

Humanitäre Dinge

Die Neun der Schwerter des Morgan-Greer-Tarot.

Liebe

Die Neun der Münzen des Morgan-Greer-Tarot.

Vier Neunen

Neun der Münzen
*Diese Karte beschreibt Wohl-
ergehen, Zufriedenheit und ein
starkes Selbstwertgefühl.*

Neun der Kelche

Dies ist die Wunschkarte der
Kleinen Arkana, weil sie die
Erfüllung eines Wunsches
verspricht. Wahres Glück und
Zufriedenheit in der Liebe werden
angezeigt – eine sehr verheißungsvolle
Karte, wenn der Fragende bald heiratet
oder eine Bindung eingeht. Emotionale
und materielle Stabilität werden ihm
Frieden mit sich selbst und mit der Welt
bringen. Wenn eine Entscheidung

getroffen werden muss, sollte der
Fragende seinem Herzen folgen, aber
wenn die Karte umgekehrt ist, kann er
nicht nur Zufriedenheit, sondern eine
tiefere Ebene des Glücks erreichen.

Neun der Stäbe

Dies ist eine Karte des Mutes und der
Entschlossenheit, egal welche Hindernisse im Weg stehen. Der Fragende
befindet sich in einer starken Position,
von der aus er sich vorwärtsbewegen
kann, weil er intuitiv weiß, dass er
bevorstehenden Schwierigkeiten
gewachsen ist. Er sollte sich auf einen
Rückschlag gefasst machen und
erkennen, dass er die Stärke hat, am
Kurs festzuhalten. Umgekehrt weist die
Karte auf schwindende Stärke hin.

Neun der Münzen

Der Fragende hat hart gearbeitet und
kann nun die Früchte ernten. Er kann
stolz auf das Erreichte sein und weiß,
dass er Wohlbefinden und Zufriedenheit
verdient hat. Seine Einzigartigkeit und
sein Wert werden betont und seine

Fähigkeiten werden gewürdigt. Er
braucht nicht das Lob anderer, um sich
seines Wertes bewusst zu sein, und das
gibt ihm ein Gefühl der Stärke und
Sicherheit. Umgekehrt verweist die Karte
auf Rücksichtslosigkeit bei der Ernte der
Früchte seiner Arbeit.

Neun der Schwerter

Angst und Verzweiflung begleiten diese
Karte. Der Fragende könnte schlechte
Träume oder negative Gedanken haben,
welche zu Stress und Depressionen
führen. Schuldgefühle könnten böse
Ahnungen wecken. Manchmal verweist
die Karte auf vergangene Leiden, die
der Fragende nicht vergessen kann.

Diese Ängste könnten sich verselbst-
ständigen und der Fragende sollte sich
klarmachen, dass sie seine gegenwärtige Wirklichkeit bestimmen. So wird
er bald einsehen, dass die Situation
nicht so düster ist, wie er sie sich
vorgestellt hat. Wenn der Fragende
krank war oder einen Verlust erlitten hat,
wird er sich bald erholen und sein
Vertrauen erneuert sich.

DIE ZEHN ist die Zahl des Nachdenkens. Sie markiert das Ende eines Zyklus und den Beginn eines anderen. Sie bringt die Weisheit aus den Erfahrungen, die wir im vorherigen Zyklus gesammelt haben. Die Karten reflektieren das auf unterschiedliche Weise: Die Zehn der Kelche und die Zehn der Münzen zeigen Erfüllung an, während die Zehn der Stäbe und die Zehn der Schwerter auf Schwierigkeiten hinweisen, die aber bewältigt werden können.

Probleme
Die Zehn der Stäbe des Universal-Waite-Tarot.

Zufriedenheit
Die Zehn der Kelche des Universal-Waite-Tarot.

Erfüllung
*Die Zehn der
Münzen des
Universal-Waite-
Tarot.*

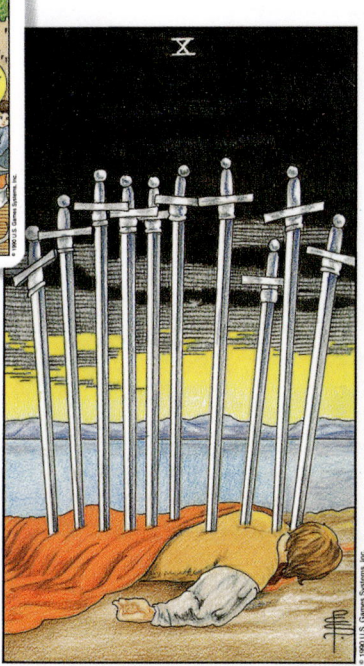

Herausforderung
*Die Zehn der
Schwerter des
Universal-Waite-Tarot.*

Vier Zehnen

Zehn der Stäbe
Die Karte beschreibt, dass man durch Lasten und Verantwortung heruntergedrückt wird.

Zehn der Kelche

Bleibendes Glück, Zufriedenheit und die Erfüllung der Herzenswünsche des Fragenden werden symbolisiert. Er ist von Freunden und Familie umgeben und kann emotionale und spirituelle Harmonie und Erfüllung genießen. Ein freudiges Ereignis oder die Erfüllung eines Traums könnten sich einstellen. Umgekehrt deutet die Karte an, dass der Fragende nicht erkennt, wie glücklich er eigentlich ist.

Zehn der Stäbe

Diese Karte verweist auf Überlastung durch Pflichten. Der Fragende wird bald eine neue kreative Phase beginnen, aber erst nachdem er die veraltete Einstellung abgelegt hat, die ihn zurückhält. Es ist wichtig, dass er erkennt, warum er sich zuviel aufgebürdet hat. Er sollte vielleicht seine Erwartungen verringern, aber sein Ziel im Auge behalten. Umgekehrt verweist die Karte darauf, dass er sich erdrückt fühlt, weil er nicht merkt, dass er es übertreibt.

Zehn der Münzen

Eine Zeit der Zufriedenheit und des glücklichen und sicheren Lebens wird durch diese Karte angekündigt. Der Fragende hat etwas beendet und kann nun emotionale und materielle Sicherheit genießen. Es ist eine Zeit des Überflusses und des angenehmen Lebens. Dies ist eine Karte der Familie, die frohe Zusammenkünfte und ein Zugehörigkeitsgefühl anzeigt. Der Fragende könnte eine Familie oder ein Geschäft gründen. Manchmal verweist

sie auch auf ein Erbe. Umgekehrt meint
die Karte, dass er unzufrieden mit der
Sicherheit ist und nach einer Herausforderung sucht.

Zehn der Schwerter

Diese Karte zeigt das Ende einer
schmerzhaften Situation an. Der
Fragende könnte sich an einem Tiefpunkt
fühlen. Trennung und persönlicher Verlust
sind der Grund für viel Unglück. Aber
obwohl der Umgang damit schwierig ist,
wird der Fragende bald eine neue Phase
beginnen, und die Dinge werden sich
zum Besseren wenden.

Wenn er sich in negativen Gedanken
vergräbt, wird die Situation schlimmer.
Obwohl sich der Fragende emotional
ausgelaugt fühlt, muss er allen Mut
zusammennehmen, um neu anzufangen.

Wenn er die deprimierende Situation
akzeptieren kann, wird er hingegen die
Kraft finden, um die Krise zu überwinden
und letztlich gestärkt aus ihr hervorgehen.
Umgekehrt meint die Karte, dass der
Fragende diese Akzeptanz schon
erreicht hat.

DER BUBE

(manchmal auch Prinz) ist die erste der Hofkarten und kann für eine Situation oder eine Person im Leben des Fragenden stehen. Wenn er für eine Situation steht, handelt es sich um eine neue oder gerade beginnende. Wenn eine Person repräsentiert wird, ist es meistens ein Kind oder ein neuer Teil der Persönlichkeit des Fragenden. Alle vier Buben stehen mit dem Element Erde in Zusammenhang.

Geflügelter Krieger
Der Bube der Kelche des Thoth-Tarot.

Prince of Wands

Prince of Cups

Spitzer Geist
Der Bube der Münzen des Thoth-Tarot.

Prince of Disks

Mächtiger Spieler
*Der Bube der Münzen
des Thoth-Tarot.*

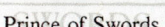

Prince of Swords

Grüner Riese
*Der Bube der Schwerter
des Thoth-Tarot.*

Vier Buben

Verborgene Talente
*Der Bube der Stäbe steht für
kreatives Potenzial.*

Bube der Kelche

Diese Karte steht für eine Geburt im weiteren Sinn. Der Fragende könnte ein neues Talent entdecken oder eine neue Studienrichtung einschlagen. Ein Gefühl der Erneuerung auf emotionaler Ebene stellt sich ein. Der Fragende könnte nach einer Phase der Verletzung und Zurückweisung wieder in der Lage sein, der Liebe zu vertrauen. Eigenliebe als Voraussetzung für Liebe zu anderen wird ebenso angezeigt. Wenn die Karte für eine Person steht, ist diese freundlich, liebevoll und fähig, dem Fragenden zu helfen. Sie könnte auch ein sensibles und künstlerisches Kind anzeigen.

Bube der Stäbe

Diese Karte verweist oft auf ungenutzes kreatives Potenzial des Fragenden. Gute Nachrichten und aufregende neue Möglichkeiten stehen an. Der Fragende könnte eine blitzartige Eingebung haben, die ihn anleiten wird. Er muss Zeit und Energie investieren, wenn neue Möglichkeiten zum Erfolg führen sollen. Wenn diese Karte für eine Person steht, wird diese energisch, impulsiv und enthusiastisch sein.

Bube der Münzen

Wenn der Fragende geduldig und fleißig ist, wird er langsam, aber stetig Fortschritte machen. Die Mühen werden sich lohnen. Seine finanzielle Situation könnte sich etwas verbessern, oder eine Beförderung steht an. Er könnte auch eine Weiterbildung oder ein Studium beginnen, um seine Karriereaussichten zu verbessern. Vielleicht trifft er jemanden, der praktisch, verlässlich und ausdrucksstark ist und dessen Freude am Lernen als Katalysator für neue Ideen wirkt. Diese Person könnte eine einflussreiche Stellung innehaben.

Bube der Schwerter

Der Fragende kann sich bald in einer Situation finden, in der er sich vor der Entscheidungsfindung vergewissern muss, ob er seine fünf Sinne beisammen hat. Gesunde Vorsicht könnte angebracht sein, weil jemand dem Fragenden Böses wünscht oder ihm zumindest nichts Gutes will. Die Karte verweist auch auf unerwartete Neuigkeiten. Er sollte aber vorsichtig sein. Wenn diese Karte für eine Person steht, wird diese intelligent, trickreich, unberechenbar und unabhängig sein.

Buben

Die Buben oder Prinzen können emotionale Zustände oder tatsächliche Charaktertypen repräsentieren. Bestimmte Personen können oft identifiziert werden.

DIE RITTER

Das Erscheinen eines Ritters kann auf eine Situation oder auf eine Person verweisen. Wenn er für eine Situation steht, beinhaltet diese Aktion, Bewegung und Fortschritt. Wenn es sich um eine Person handelt, wird derjenige jung, fragend und aktiv sein. Es könnte auch etwas oder jemand Neues in das Leben des Fragenden treten. Alle vier Ritter korrespondieren mit dem Element Feuer.

Voran
Der Ritter der Stäbe des Thoth-Tarot.

Suchend
Der Ritter der Kelche des Thoth-Tarot.

Aktiv
*Der Ritter der
Schwerter des
Thoth-Tarot.*

Knight of Swords

Knight of Disks

Fortschreitend
*Der Ritter der
Münzen des
Thoth-Tarot.*

Vier Ritter

Fortschritt
*Der Ritter der Münzen besagt, dass
Geduld und steter Fortschritt zum
Erfolg führen werden.*

Ritter der Kelche

Diese Karte verweist auf etwas Neues am Horizont. Dem Fragenden wird ein Angebot oder Vorschlag unterbreitet. Er muss die praktischen Konsequenzen überdenken, bervor er sich festlegt. Romantik liegt in der Luft. Der Fragende könnte sich in jemanden verlieben, der sensibel, idealistisch und fantasievoll ist, oder diese Beschreibung könnte auf ihn selbst zutreffen.

Ritter der Stäbe

Diese Karte symbolisiert Reise und Bewegung. Der Fragende könnte im Urlaub oder langfristiger ins Ausland reisen. Er spürt, dass etwas Besseres hinter der nächsten Ecke auf ihn wartet. Abenteuerlust tritt in sein Leben. Er ist bereit, sich ins Unbekannte zu begeben. Wenn die Karte für einen Menschen steht, dem der Fragende begegnet, wird dieser lustig und charmant, aber ziemlich flatterhaft und unzuverlässig sein. Trotzdem könnte er ihn inspirieren, etwas Neues und Abenteuerlustiges zu unternehmen.

Ritter der Münzen

Diese Karte steht für langsamen, aber steten Fortschritt. Es könnte so aussehen, als ob der Fragende nicht sehr weit kommt oder gar auf der Stelle tritt. Aber vorausgesetzt, dass er geduldig und methodisch vorgeht, wird er letztendlich sein Ziel erreichen. Obwohl das Leben gerade langweilig erscheint, kann er sich auf finanzielle und persönliche Belohnung für seine Mühen freuen.

Jemand, der verlässlich, verantwortlich
und fleißig ist, könnte in das Leben des
Fragenden treten und seine Ambitionen
weiter vorantreiben.

Ritter der Schwerter

Diese Karte weist oft auf die plötzliche
Notwendigkeit für drastische Veränderung hin. Der Fragende kann neue
Perspektiven gewinnen, die seinen
Horizont erweitern und ihn motivieren,
etwas Unbekanntes auszuprobieren.
Trotzdem warnt die Karte auch vor zu
großer Impulsivität oder Ungeduld, weil
diese Zerstörung anrichten könnten.
Falls ihm eine schwierige Situation
bevorsteht, muss er das Problem
geradewegs und entschlossen angehen.
Der Ritter der Schwerter erscheint oft als
starker Verbündeter, der bei der Lösung
eines Konflikts helfen kann.

Abenteuerlust

Wie Sie vielleicht erwartet haben, charakte-
risiert der Ritter junge Draufgänger voller
Energie und auf der Suche nach Abenteuern
oder Herausforderungen.

DIE KÖNIGINNEN

repräsentieren wichtige Frauen im Leben des Fragenden. Alternativ können sie die Aspekte seiner Persönlichkeit symbolisieren, die zur Zeit offensichtlich oder bestimmend sind. Dies trifft auf Frauen und Männer gleichermaßen zu. Bei einer Frau steht die Königin wahrscheinlich für die Fragende selbst. Alle Königinnen korrespondieren mit dem femininen Element Wasser.

Muschelkönigin
Die Königin der Kelche des Morgan-Greer-Tarot.

Sonnenblumenkönigin
Die Königin der Stäbe des Morgan-Greer-Tarot.

Eichenkönigin
Die Königin der Münzen des Morgan-Greer-Tarot.

Rosenkönigin
Die Königin der Schwerter des Morgan-Greer-Tarot.

Vier Königinnen

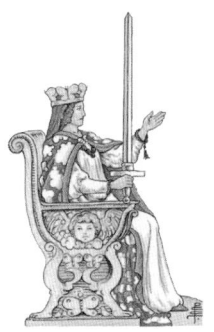

Distanziert
*Die Königin der Schwerter
ist intelligent, kann aber
emotionale Defizite haben.*

Königin der Kelche

D ie Königin der Kelche hat eine
hoch entwickelte Intuition und
steht im Einklang mit ihrer inneren Welt. Sie kann auch übersinnliche
Kräfte haben. Ihre liebevolle Art und
Sensibilität gegenüber anderen macht
sie zu einer wunderbaren Freundin. Sie
ist für andere oft eine Quelle der Hilfe.
Zieht der Fragende diese Karte, sollte er
eine tiefere Beziehung zu seinem inneren Selbst aufbauen, damit er lernt,
besser mit seinen Gefühlen umzugehen.

Die Königin der Stäbe

Die Königin der Stäbe ist eine gesellige, warme, loyale und unabhängige
Frau. Sie ist auch extrovertiert ,
großzügig und beliebt. Ihrem offenen
Wesen vertrauen sich viele an. Sie nutzt
ihre Intuition im persönlichen und professionellen Bereich und ist eine fähige
Haus- und Geschäftsfrau. Diese Karte
kann bedeuten, dass der Fragende die
gleichen Qualitäten zeigen wird.

Königin der Münzen

Die Königin der Münzen ist praktisch
veranlagt, fähig und selbstständig. Sie
arbeitet hart und genießt den Komfort
und die Sicherheit eines guten Einkommens. Obwohl sie materialistisch
veranlagt ist, kann sie anderen
gegenüber auch großzügig sein. Sie ist
daheim ebenso glücklich wie in ihrem
Beruf. Diese Karte deutet an, dass der
Fragende Gelegenheit haben könnte,
mehr Geld zu verdienen oder etwas
wirklich Wertvolles zu erreichen. Oder
er könnte eine Frau treffen, die dies
erleichtert und ihn unterstützt.

Königin der Schwerter

Die Königin der Schwerter ist stark, intelligent und ziemlich zurückhaltend. Trotz oder wegen ihrer Stärke und Distanz kann sie sich manchmal emotional ausgeschlossen und alleine fühlen. Traditionell steht diese Karte für eine Witwe, eine Geschiedene oder für eine Frau, die es vorzieht, allein zu leben. Die Königin der Schwerter kann sich gegen ihre eigene Verletzlichkeit wehren und unmöglich hohe Erwartungen haben, die andere auf Distanz halten. Ihre Stärken liegen in ihrem schnellen Verstand und in ihrem resoluten und entschlossenen Wesen, aber sie kann intolerant und voreingenommen sein. Wenn der Fragende gemeint ist, könnte er von einigen Überzeugungen ablassen und die Hilfe anderer annehmen müssen.

Reife

Die Königin ist reif und selbstbezogen. Der Fragende könnte an jemanden denken, der diese Eigenschaften hat. Oder es könnten Aspekte seiner eigenen Persönlichkeit sein.

DIE KÖNIGE

repräsentieren Männer, die dem Fragenden wichtig sind, oder Aspekte seiner Persönlichkeit, die entwickelt, gezähmt oder kontrolliert werden müssen. Der König ist in jeder Farbe eine mächtige Karte, die verschiedene Charaktereigenschaften zum Vorschein bringt. Ist der Fragende männlich, könnte der König seine eigene Persönlichkeit symbolisieren. Alle Könige stehen mit dem maskulinen Element Luft in Verbindung.

Verschlagen
Der König der Kelche des Universal-Waite-Tarot.

KING of CUPS.

NG of WANDS

Künstlerisch
Der König der Stäbe des Universal-Waite-Tarot.

Mystisch
Der König der Münzen des Universal-Waite-Tarot.

KING of SWORDS.

Puritanisch
Der König der Schwerter des Universal-Waite-Tarot.

KING of PENTACLES.

Vier Könige

Weiser Mann
*Der König der Kelche ist sehr
einfühlsam. Vielleicht ist er ein
Lehrer oder Berater.*

König der Kelche

Dieser König ist gütig und freundlich, zeigt seine Zuneigung und seine Gefühle aber erst nach und nach. Trotzdem ist er sehr einfühlsam, etwa in der Rolle eines Lehrers oder Beraters. Die Karte zeigt an, dass der Fragende guten Rat oder Trost finden wird. Sie könnte auch einen Teil seines Charakters repräsentieren, der entwickelt werden muss – er könnte lernen, offener zu sein und seinen Gefühlen zu vertrauen.

König der Stäbe

Der König der Stäbe ist zuversichtlich, enthusiastisch und willensstark. Er kann andere inspirieren und motivieren. Er handelt seiner Überzeugung gemäß und kann sich selbst und seine Ideen gut darstellen. Seine Integrität und seine Führungsqualitäten machen ihn vertrauenswürdig und verlässlich, er fungiert oft als Vermittler. Er wird oftmals ein Projekt initiieren, aber jemand anderen die Arbeit machen lassen. Wenn der Fragende ein neues Geschäft beginnt oder Veränderungen in seinem Leben einleitet, kann er auf die positiven Qualitäten dieser Karte zurückgreifen.

König der Münzen

Der König der Münzen ist ein guter und loyaler Mann, der Stabilität und Sicherheit zu schätzen weiß. Er arbeitet hart und genießt den materiellen Gewinn seiner Arbeit. Er ist eher praktisch als intellektuell veranlagt, aber er steht zu seinem Wort und wird hoch geschätzt. Er ist ein guter Geschäftsmann und kann mit Finanzen umgehen. Diese Karte sagt

Gutes für Geschäftsprojekte und die
finanzielle Situation des Fragenden
voraus. Größere Anerkennung seiner
Fähigkeiten wird das Selbstvertrauen
des Fragenden stärken.

König der Schwerter

Dieser König ist intelligent, stark, ethisch
und hat einen analytischen Verstand.
Er besetzt gern herrschende Positionen,
hat eine unabhängige Natur und lässt
sich nicht gern einschränken. Er muss
jedoch lernen, seine Emotionen zu
kontrollieren. Er geht Probleme auf
logische und rationale Art an. Er denkt
innovativ und kann dem Fragenden
in einer schwierigen Situation eine
Lösungsstrategie anbieten. Der Fragende könnte bereit sein, neue Perspektiven
zu entwickeln, die zu einem beruflichen
Fortschritt führen können.

König für einen Tag

Als letzte Karte einer Farbe repräsentiert der
König Reife und Weisheit aus Erfahrungen.
Der König kann Facetten des männlichen oder
weiblichen Fragenden spiegeln.

TAROT IN DER PRAXIS

Das Erlernen von Tarot ähnelt dem Erlernen einer neuen Sprache und es braucht Zeit, bis man die Karten fließend lesen kann und ihre volle Bedeutung versteht. Am besten machen Sie dazu einige Probelesungen. Alle Systeme der Weissagung basieren auf dem Verständnis von Mustern. Man muss bereit sein zu glauben, dass die Karten, die der Fragende zieht, bestimmte Muster bilden, die ihm etwas Bedeutungsvolles über sein Leben mitteilen. Niemand weiß mit völliger Sicherheit, warum sich das Muster der Karten und die Lebenswirklichkeit des Fragenden so wunderbar ineinander spiegeln. Das ist Teil des ewigen Geheimnisses des Tarot.

Vor der Befragung der Karten

Es ist wichtig, eine Tarot-Befragung gut vorzubereiten und die richtige Atmosphäre zu schaffen. Durch das Tarotlegen bringt man unbewusste Eindrücke sowie intuitive Gefühle und Einsichten ans Licht. Deshalb ist es wichtig, das bewusste Denken zur Ruhe zur bringen. Wenn der Legende oder der Fragende emotional erregt sind, ist es schwierig, sich auf die Legung zu konzentrieren. Einfache Rituale z. B. mit Räucherstäbchen helfen Ihnen, in eine empfängliche und meditative Stimmung zu kommen. So können Sie die Atmosphäre schaffen, die einer Befragung zuträglich ist. Wenn Sie die Befragung mit einer geordneten Routine beginnen, schaffen Sie einen sicheren Rahmen für die Arbeit mit den Karten.

Vorbereitung
Versetzen Sie sich vor dem Kartenlegung in die richtige Stimmung.

Vorbereitung

Wenn Sie die Karten legen, sind Sie am besten mit dem Fragenden allein in einem ruhigen Zimmer, sodass es keine Ablenkung oder Störung von außen gibt. Stimmen Sie sich einen Moment lang ein, bevor Sie mit dem Legen beginnen. Folgen Sie Ritualen, die Ihnen angenehm sind und die richtige Atmosphäre für Sie schaffen. Einige Kartenleger gehen auch ein paar Minuten lang in sich, damit sie sich ihrer eigenen spirituellen Führung öffnen können. Sie können bekannte meditative Techniken verwenden oder sich eigene ausdenken.

Ein angenehmer Raum

Achten Sie darauf, dass Sie bequem sitzen, bevor Sie mit dem Legen beginnen. Sie können auf dem Boden sitzen oder knien und die Karten auf einen niedrigen Tisch legen, oder Sie sitzen am Tisch. Der Tisch muss groß genug sein, um alle Karten der Befragung auszubreiten.

Außerdem könnten Sie Blüten in Wasser, eine Auswahl von Kristallen oder etwas, das für Sie besondere Bedeutung hat, auf den Tisch stellen. Der Tisch sollte aber nicht zu überfüllt wirken. Wenn Sie Ihre Karten in schwarzer Seide aufbewahren, kann diese auch gleichzeitig als ideale Oberfläche dienen, auf der Sie die Karten ausbreiten.

Tarot-Rituale

Auf den S. 28–33 finden Sie weitere Tipps zur Vorbereitung. Es ist nicht nötig, einem bestimmten Ritual zu folgen, aber es kann helfen, einen klaren Kopf zu bekommen und sich zu konzentrieren.

DER SIGNIFIKATOR

Einige Tarotleger wählen eine Karte als Signifikator aus, der den Fragenden repräsentiert. Dies ist meist eine Hofkarte, die auf Grundlage der Haarfarbe des Fragenden oder seines Sternzeichens ausgewählt wird, aber sie kann auch zufällig gezogen werden. Diese Karte kann auf die Seite gelegt oder als Teil des Legemusters verwendet werden. Oft benutzt man sie als Hilfe, um sich als Legender auf die Lesung zu konzentrieren. Ein Nachteil hierbei ist, dass so für das Kartenlegen an sich eine bedeutungsvolle Karte weniger im Stock ist.

Zufällige Auswahl
Der Signifikator kann auch zufällig gezogen werden.

Signifikator
Dies kann entweder eine Hofkarte sein oder sie kann in astrologischem Zusammenhang zum Fragenden stehen.

146

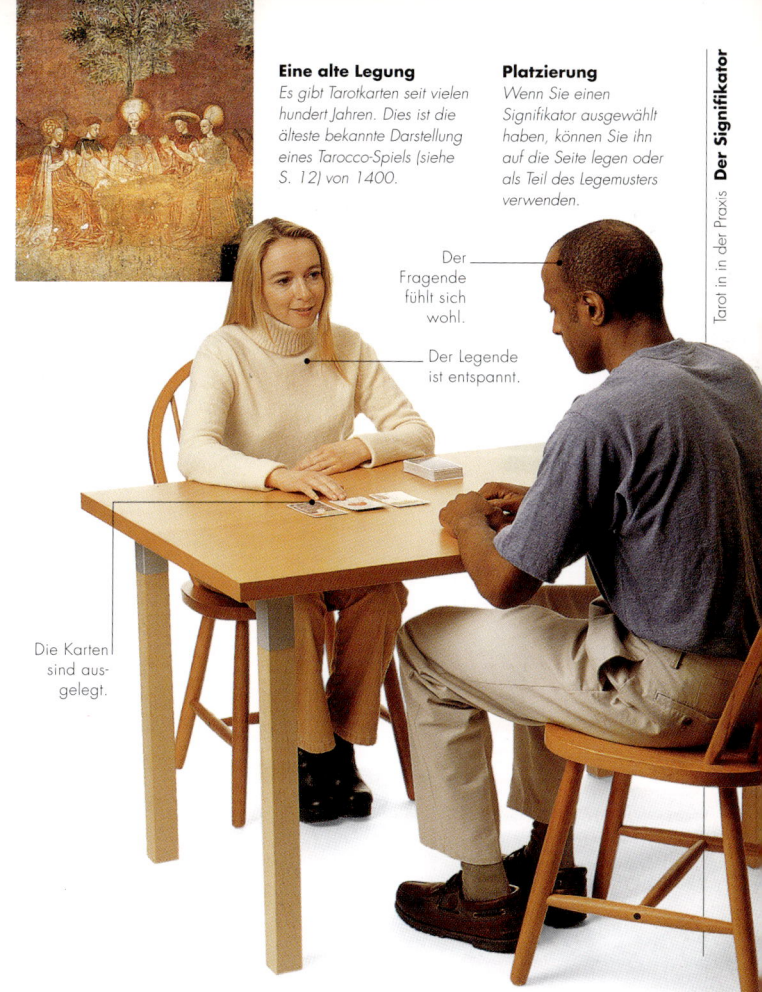

Eine alte Legung

Es gibt Tarotkarten seit vielen hundert Jahren. Dies ist die älteste bekannte Darstellung eines Tarocco-Spiels (siehe S. 12) von 1400.

Platzierung

Wenn Sie einen Signifikator ausgewählt haben, können Sie ihn auf die Seite legen oder als Teil des Legemusters verwenden.

Der Fragende fühlt sich wohl.

Der Legende ist entspannt.

Die Karten sind aus-gelegt.

Die Fragestellung

Orientierung
*Es ist hilfreich, eine Frage im
Kopf zu haben, wenn Sie die
Karten legen.*

Es ist manchmal hilfreich, eine
konkrete Frage zu stellen. Diese
kann der Fragende geheimhalten
oder mitteilen, aber sie sollte sich nur
auf ein Thema beziehen. Manchmal
beschäftigt sich eine Legung auch mit
einer ganz anderen Frage als der ge-
stellten – oft dann, wenn der Fragende
sich einer Sache nicht bewusst ist oder
Angst hat. Die Karten bieten meist Einsichten zum Umgang mit der Situation.

Welche Fragen?

Einige Legemethoden eignen sich für
allgemeine Fragen, etwa bezüglich
eines Überblicks über die gegenwärtige
Situation des Fragenden, während man
mit anderen spezifischere Fragen beantworten kann. Vermeiden Sie Fragen,
die mit Ja oder Nein zu beantworten
sind oder Fragen wie „Wann werde ich
die Person meiner Träume treffen?" oder
„Wie lange werde ich auf eine Beförderung warten müssen?" Stellen Sie
lieber offene Fragen wie „Welche
Probleme gibt es bei ...?", „Wie kann
ich diese Probleme am besten
bewältigen?" oder „Was ist für mich
der beste Weg, um ...?"

Antworten

Präsentieren Sie dem Fragenden
Informationen niemals als die absolute
Wahrheit und stellen Sie einen
Sachverhalt nicht so dar, als ob keine
Wahl möglich ist. Das Tarot bietet eine
Perspektive bei der Betrachtung eines

Sachverhalts, es bestimmt aber weder den Ausgang, noch liefert es auf alles eine Antwort. Selbst wenn eine Legung auf Schwierigkeiten hinweist, sollten Sie dem Fragenden signalisieren, dass es sich dabei um Teil eines Vorgangs handelt und eine Lösung gefunden wird, sobald er die Bedeutung der Erfahrung verstanden hat. Die Gesamtbedeutung der Karten gibt oft Hinweise auf unterliegende Gründe für bestimmte Umstände.

Ein Arbeitsheft

Legen Sie Notizen in einem Arbeitsheft an. Sie können die Bedeutung der Karten notieren und mit der Zeit weiteres Wissen und eigene Interpretationen hinzufügen. Probieren Sie dabei ruhig verschiedene Methoden aus.

Fragestunde

Tarotlesen bietet keine eindeutigen Antworten. Die Beziehung zwischen Legendem, Fragendem und Karten ist komplex und liefert Informationen als Entscheidungsgrundlage.

DAS MISCHEN DER KARTEN Mischen

Sie die Karten gut, bevor Sie beginnen. Wenn Sie umgekehrten Karten keine andere Bedeutung zumessen, halten Sie das Deck beim Mischen am besten aufrecht. Geben Sie dem Fragenden das Kartendeck zum Mischen und bitten Sie ihn, dabei an eine Frage zu denken. Bitten Sie ihn dann, das Deck in drei Stapel zu teilen und diese verdeckt auf den Tisch zu legen. Normalerweise teilt man das Deck mit der linken Hand, weil diese mit der intuitiven Hälfte des Gehirns in Verbindung steht. Als nächstes soll der Fragende die drei Stapel wieder zusammenlegen und die Karten an Sie zurückgeben.

Mischen

Achten Sie darauf, dass die Karten gut gemischt sind und das Deck gut verteilt ist.

Stapel

Schieben Sie die Karten zusammen. Der Fragende soll sie mit der linken Hand in drei Stapel teilen.

Glücksstern

Der Stern vermittelt Hoffnung inmitten von Feindschaften. Er zeigt nahes Glück an.

Abheben

Legen Sie den unteren Stapel mit der linken Hand in die Mitte, dann legen Sie die beiden anderen Stapel auf den mittleren.

Die Bedeutung der Karten bemessen

Notizbuch
Machen Sie Notizen über die Karten und ihre Verbindungen.

Wenn Sie umgekehrte Bedeutungen nicht berücksichtigen, sollten Sie zufällig falsch liegende Karten richtig herum drehen. Wenn Ihnen der Fragende gegenübersitzt, sollten die Karten in Ihre Richtung weisen.

Ein erster Überblick

Studieren Sie zu Beginn einer Legung alle gelegten Karten und sehen Sie, wie sie insgesamt miteinander in Verbindung stehen. Gewinnen Sie ein Gefühl für den Gesamtton: Ein Gefühl des Glücks und Wachstums oder der Enttäuschung und Schwierigkeiten? Wie viele Karten der Großen Arkana liegen aus? Dominiert eine bestimmte Farbe? Überlassen Sie es Ihrer Intuition, die Bedeutung der Karten zu ermitteln, die für die Legung am wichtigsten sind. Wenn Sie die Karten zusammen betrachten, vergleichen Sie sie und zeigen Sie dem Fragenden, wie sie miteinander in Verbindung stehen, wie die Vergangenheit mit der Gegenwart zusammen-

Wenn Sie umgekehrte Karten berücksichtigen, müssen Sie die Karten so halten, wie sie Ihnen gereicht werden. Andernfalls stünde die Legung auf dem Kopf. Sie können die benötigten Karten von der Oberseite des Decks nehmen und sie verdeckt im Legemuster verteilen. Dann können Sie sie umdrehen, ohne dass Sie die Richtung verändern.

hängt und ob der Haupttrend aufwärts oder abwärts zeigt.

Schlussfolgerungen

Eine Synthese der Karten stellt zu Beginn eine große Herausforderung dar, weil es viele Faktoren zu beachten gilt. Oft wird sich Ihr erster Eindruck von einer Karte oder der Legung insgesamt von Ihren letztendlichen Schlussfolgerungen unterscheiden. Ebenso kann sich die Bedeutung einer Karte verändern, wenn Sie erkennen, wie sie in das gesamte Muster einer Legung passt. Versuchen Sie, die Hauptpunkte einer Legung für den Fragenden zusammenzufassen. So machen Sie sich auch selbst mit den Bedeutungen der Karten vertraut.

Welches Legemuster?

Man verwendet unterschiedliche Legemuster für unterschiedliche Zwecke. Probieren Sie zunächst verschiedene aus, dann sehen Sie, mit welchem Sie am besten arbeiten können.

DIE DREI-KARTEN-LEGUNG

benutzt man zur Beantwortung einer bestimmten Frage. Man bittet den Fragenden, die Karten zu mischen, zu teilen und drei Karten zufällig auszuwählen. Diese Karten werden in eine Reihe gelegt. Die erste zeigt die Vergangenheit an, die zweite die Gegenwart und die dritte die Zukunft. Sie können auch den kommenden Tag bestimmen, wobei die Karten Morgen, Nachmittag und Abend anzeigen.

VERGANGENHEIT   GEGENWART   ZUKUNFT

Zeit für Veränderung

Die Vier der Kelche zeigt, dass Langeweile und Unzufriedenheit mit dem Status Quo eine Neuorientierung nötig gemacht haben. Die Acht der Stäbe in der Gegenwart deutet eine aufregende neue Lebensphase an und die Zwei der Kelche verweist auf die Möglichkeit einer neuen Beziehung in der Zukunft.

VERGANGENHEIT   GEGENWART   ZUKUNFT

Bevorstehende Aufregung

Die Zehn der Stäbe steht für Erschöpfung nach zu großer Belastung und die Notwendigkeit herauszufinden, was zu dieser Situation geführt hat. Dies unterstreicht der Eremit, der eine Zeit ruhiger Selbstreflektion für besseres Verständnis anzeigt. Der Ritter der Stäbe weist auf eine neue kreative Phase und etwas Aufregendes hin, auf das man sich freuen kann.

VERGANGENHEIT	GEGENWART	ZUKUNFT

Glück am Horizont

Der Herrscher deutet an, dass der Fragende sich auf weltliche Dinge und das Erreichen seiner Ziele konzentriert hat. Die Neun der Schwerter verweist aber auf Verzweiflung in der Gegenwart, die den Erfolg zu trüben droht. Glücklicherweise deutet die Sonne an, dass die Dunkelheit vertrieben wird und dass sich Glück und Erfolg einstellen werden.

VERGANGENHEIT	GEGENWART	ZUKUNFT

Opferbereitschaft

Die Zwei der Stäbe zeigt eine vergangene Gelegenheit, ein Ziel zu erreichen, an. Aber der Wagen in der Gegenwart deutet auf einen Richtungskonflikt hin. Die Acht der Kelche weist auf die Notwendigkeit eines Opfers hin, bevor eine neue Phase beginnen kann.

Fallstudie

Diese drei Karten wurden von Michael gezogen (siehe S. 156).

155

Drei-Karten-Legung

Karrierefrage
Michael wünschte Information über eine mögliche Veränderung in der Karriere.

Michael, 27, machte sich Gedanken über das Für- und-Wider einer beruflichen Veränderung. Er arbeitete im Verkauf, fühlte sich aber immer mehr zu einer Karriere im medizinischen Bereich hingezogen und interessierte sich für eine Ausbildung zum Akupunkteur. Er hatte darüber aus Sorge um mögliche Reaktionen bisher mit niemandem gesprochen. Er verdiente gut und hätte seinen Lebensstil als Auszubildender stark einschränken müssen. Er zog die folgenden drei Karten:

Erste Karte – Rad des Schicksals

Diese Karte wies darauf hin, dass Michael tatsächlich das Ende eines Zyklus erreicht hatte und bereit für eine große Veränderung war. Es hatte offenbar Verwirrung darüber gegeben, ob es sich um eine positive oder negative Veränderung handeln würde, weil sie einen radikalen Bruch darstellte. Er hatte das starke Gefühl, dass diese berufliche Veränderung schicksalhaft war und er auf unerklärliche Weise zum Heiler bestimmt war. Dies wurde durch das Rad des Schicksals unterstrichen. Ihm bot sich die Möglichkeit des Wachstums, auch wenn die Aussicht zunächst unsicher war, da er Bekanntes zurücklassen musste.

Zweite Karte – Sieben der Stäbe

Diese Karte wies auf einen Berufs-wechsel hin. Ebenso betonte sie die Herausforderung, indem er berufliche Sicherheit aufgeben und eine neue Berufsausbildung beginnen würde. Er müsste sich auf Wettbewerb mit anderen gefasst machen und hart arbeiten, um sich zu beweisen. Ebenso zeigte die Karte Opposition von Freunden und Familie an. Es gab genug Anzeichen dafür, dass er in der Lage dazu sein würde, die damit verbundenen Schwierigkeiten zu meistern.

Dritte Karte – der Magier

Der Magier repräsentierte die verborgenen Talente und Fähigkeiten, die Michael noch ausbauen konnte. Diese Karte ermutigte ihn, sich weiterzuentwickeln und einen Berufsweg einzuschlagen, der ihm neue Möglichkeiten eröffnen würde. Trotz bevorstehender Schwierigkeiten hatte er das nötige Selbstvertrauen und die Entschlossenheit, um sein ungenutzes Potenzial zu entwickeln. Michael hatte einen Wendepunkt in seiner Karriere erreicht und seine Entscheidung würde die Weichen für die Zukunft stellen. Seine Intuition und Selbstkenntnis würden ihm helfen, wenn er sich nicht durch andere manipulieren lassen würde

DIE SECHS-KARTEN-LEGUNG besteht

nur aus Karten der Großen Arkana und dient der Beantwortung wichtiger Fragen. Mischen Sie die Karten und lassen Sie den Fragenden drei Stapel bilden. Drehen Sie die drei Stapel um, nehmen Sie die jeweils oberste Karte und legen Sie sie von links nach rechts in eine Reihe. Bitten Sie dann den Fragenden, die nächste Reihe selbst zu legen.

Jane, 40, kam zu einer Legung, um nach Orientierung in einem Beziehungsdilemma zu suchen. Sie hatte einige kurze Beziehungen gehabt, von denen keine erfüllend verlaufen war. Sie hatte das Gefühl, selbst mehr zu geben als der Partner und als selbstverständlich angenommen zu werden. Sie hatte gerade eine neue Beziehung begonnen und befand sich schon in ernsten Schwierigkeiten. Bald nach dem Kennenlernen war ihr Partner launisch, fordernd und besitzergreifend geworden. Sie hoffte, dass die Lesung Licht auf die Gründe für ihr gleich bleibendes Problem mit Männern werfen würde.

| **1** | **2** | **3** |
| Der Fragende | Kern der Sache | Hilfreiche Einflüsse |

| **4** | **5** | **6** |
| Das Unerwartete | Unbewusste Sehnsüchte | Absehbares Ergebnis |

Die Sechs-Karten-Legung
*Legender und Fragender interagieren
bei der Legung.*

THE HERMIT.

DER EREMITT

THE TOWER.

DER TURM

STRENGTH.

DIE KRAFT

THE LOVERS.

DIE LIEBENDEN

THE HIEROPHANT

DER HOHEPRIESTER

TEMPERANCE.

DIE MÄSSIGKEIT

Fallstudie

Diese sechs Karten wurden von
Jane gezogen (siehe S. 160).

Sechs-Karten-Legung: Jane

Beziehungen

Jane wollte ein Beziehungsdilemma lösen und suchte Orientierung.

Erste Karte – der Eremit

Der Eremit wies darauf hin, dass Jane Zeit brauchte, um über ihre etwas traumatischen Beziehungsmuster und ihre jetzige Situation nachzudenken. Dies stellte eine Herausforderung für Jane dar, weil sie zugeben musste, dass sie eine schlechte Beziehung dem Alleinsein sogar vorzog. Der Eremit deutete an, dass sie viel über sich selbst und die Antworten auf ihre Fragen erfahren würde, wenn sie geduldig wäre und etwas Zeit allein verbrächte.

Zweite Karte – der Turm

Der Turm betonte die Tatsache, dass es Zeit für Jane war, ihre Werte und ihre Beziehungen zu anderen zu überdenken. Sie begann einzusehen, dass sie sich aufgrund ihrer Angst vor Intimität zu unpassenden Männern hingezogen fühlte. Dies ließ sie Beziehungen eingehen, die sie davon abhielten, ihr wahres Ich zu zeigen. Nur eine komplette Neubewertung ihrer selbst konnte dieses Muster ändern.

Dritte Karte – die Kraft

Die Kraft in der Position hilfreicher Einflüssen zeigt, dass Jane entschlossen genug sein würde, sich selbst zu konfrontieren und wichtige Aspekte ihres Lebens zu ändern, egal wie schwierig dies sein würde. Diese Veränderungen würden ihr Selbstwertgefühl stärken und ihr helfen, die positiveren Aspekte ihrer Persönlichkeit zusammenzuführen.

Vierte Karte – die Liebenden

Die Liebenden unterstrichen, dass Jane eine Entscheidung in der Liebe bevor-

stand. Ihre Beziehung würde auf die
Probe gestellt, wenn darüber nach-
dächte, warum sie mit ihrem Partner
zusammen war. Sie konnte nun ihren
Wert erkennen und in Übereinstimmung
mit ihrem wahren Selbst leben.

Fünfte Karte – der Hohepriester

Der Hohepriester erschien an der Stelle
des Unbewussten und zeigt an, dass es
Zeit für Jane war, einen sinnvolleren und
eventuell spirituellen Rahmen für ihr
Leben zu finden. Als Ergebnis der
gegenwärtigen Krise könnte sie jemanden treffen, der sie zu einem tieferen
Verständnis ihrer selbst führt.

Sechste Karte – die Mäßigkeit

Mit der Mäßigkeit hatte Jane eine
hoffnungsvolle Karte gezogen. Sie
deutete an, dass sie eine glückliche und
harmonische Beziehung finden würde,
wenn sie sich Zeit nähme, ihre Gefühle
kennen zu lernen und neu zu bewerten.
Statt immer die Gebende zu sein,
könnte sie größeres Gleichgewicht und
eine ausgewogenere Beziehung finden.

DIE NEUN-KARTEN-LEGUNG spiegelt

die Vergangenheit, die Gegenwart und die Zukunft und hilft besonders dabei, die Wurzel eines Problems zu erkennen. Diese Legung wurde für Rick, 25, genutzt, der die Karten über Gesundheitsprobleme befragte. Er litt unter chronischen Kopfschmerzen und Müdigkeit, aber es gab keine medizinische Erklärung für seine Lage. Seine letzte Beziehung endete traumatisch, weil er nicht in der Lage gewesen war, sich zu binden. Rick hoffte, dass die Karten tiefere Gründe für seine „Krankheit" offenbaren würden.

Fokus
Einige Kartenleger nehmen sich Zeit zum Fokussieren, bevor sie eine Karte umdrehen.

9
Lösung

2
Gegenwärtige Situation

5
Gegenwärtige Umstände

1
Der Fragende

4
Frühere Umstände

8
Der Weg vorwärts

3
Wurzel des Problems

7
Bedeutsame andere

Neun-Karten-Legung
Legen Sie die Karten im hier dargestellten Muster.

6
Zukünftige Einflüsse

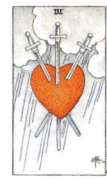

DREI DER
SCHWERTER

NEUN DER KELCHE

SECHS DER
KELCHE

DER TOD

ACHT DER KELCHE

NEUN DER STÄBE

FÜNF DER KELCHE

KÖNIGIN DER STÄBE

BUBE DER KELCHE

Fallstudie

*Diese neun Karten wurden für
Rick gelegt (siehe S. 164).*

Neun-Karten-Legung: Rick

Sorgen
Gesundheitsprobleme und das Ende einer Beziehung brachten Rick dazu, die Karten zu konsultieren.

Erste Karte – Der Tod

Die Karte besagte, dass Rick sich von seinem bisherigen Lebenstil verabschieden muss. Ein Wandel ist nötig, damit er sich von Belastungen befreien und neu beginnen kann.

Zweite Karte – Drei der Schwerter

Diese Karte deutete an, dass er das Ende der Beziehung noch nicht verkraftet hatte. Das könnte Negatives für sein Leben und seine Gesundheit bedeuten. Er muss begreifen, wie unglücklich er ist.

Dritte Karte – Fünf der Kelche

Die Fünf der Kelche betonte Ricks Enttäuschung und Bedauern darüber, dass er die Beziehung zu seiner Freundin beendet hatte. Dies lastete offenbar schwer auf ihm und ließ ihn daran zweifeln, ob er überhaupt zu längeren Beziehungen fähig war. Die Karte deutete an, dass er nicht verloren wäre und an sich arbeiten könne.

Vierte Karte – Acht der Kelche

Diese Karte machte die Depressionen und den Schmerz offensichtlich, unter denen Rick wegen des Verlustes seiner letzten Freundin litt.

Fünfte Karte – Sechs der Kelche

Diese Karte beschrieb sehr treffend die Nostalgie, die Rick bezüglich der glücklicheren Vergangenheit mit seiner Freundin spürte. Sie deutete auch an, dass seine frühere Liebe wieder in sein Leben treten könnte und sie die Chance für ein gemeinsames Leben – basierend auf Lehren aus vergangenen Fehlern – haben würden.

Sechste Karte – Bube der Kelche

Diese Karte kündigt emotionale Erneuerung
an: Nach einer Zeit des Schmerzes und
Rückzugs müsste Rick sich selbst vergeben
und damit aufhören, sich für die Fehler der
Vergangenheit zu strafen. Dann würde sich
sein Herz der Liebe öffnen.

Siebte Karte – Königin der Stäbe

Die Frau, die Rick noch immer liebt,
erscheint hier als warm, liebevoll, loyal
und mitfühlend. Wenn er ihr gegenüber
seine Gefühle zugäbe, könnte er sie
womöglich zurückgewinnen.

Achte Karte – Neun der Stäbe

Ein Rückschlag oder eine Verzögerung auf
dem Weg zum Ziel würden seine Entschlossenheit nicht mindern. Er wusste,
was er wollte, und Hindernisse würden
seine Entschlossenheit nur stärken.

Neunte Karte – Neun der Kelche

Ein glückliches Ende. Es sieht so aus, als
ob Rick ein emotionale Bindung eingehen
und letztendlich wahres Glück und Zufriedenheit genießen würde.

DIE NEUN-KARTEN-LEGUNG: 2

Dieses Muster wurde für die Legung von Sally, 25, benutzt. Sally arbeitete als Beraterin im Finanzbereich. Ihr Job war sehr anstrengend und sie arbeitete viele Stunden täglich. Sie war an einem Punkt in ihrem Leben angekommen, an dem sie überlegte, entweder eine Beförderung anzunehmen und noch mehr zu arbeiten oder ein Baby zu bekommen. Ihr Mann wollte gern eine Familie gründen. Sally hatte widersprüchliche Gefühle.

2
Die Situation

9
Lösung

5
Gegenwärtige Umstände

1
Der Fragende

4
Frühere Umstände

8
Der Weg voran

3
Wurzel des Problems

7
Bedeutsame andere

6
Zukünftige Einflüsse

Neun-Karten-Legung
legen Sie die Karten im hier dargestellten Muster.

ZWEI DER
SCHWERTER

DREI DER KELCHE

SIEBEN DER
MÜNZEN

DIE HERRSCHERIN

SIEBEN DER
SCHWERTER

SECHS DER SCHWERTER

DER WAGEN

RITTER DER SCHWERTER

KÖNIGIN DER KELCHE

Fallstudie

*Diese neun Karten wurden für
Sally gelegt (siehe S. 168).*

(siehe S. 168)

Neun-Karten-Legung: Sally

Dilemma
*Sally musste eine wichtige
Lebensentscheidung treffen:
Familie oder Karriere?*

Erste Karte – die Herrscherin

Obwohl Sally sich nicht als Mutter sah, deutete diese Karte auf die Möglichkeit einer Schwangerschaft hin. Sie fühlte ein starkes Bedürfnis nach Harmonie und trat in einen Zyklus ein, in dem es wichtig war, ihren Körper zu versorgen.

Zweite Karte – Zwei der Schwerter

Eine Sackgasse: Sally konnte sich nicht entscheiden und dies hatte zu einem Konflikt mit ihrem Mann geführt.

Dritte Karte – der Wagen

Dies zeigte Sallys Kampf an: Die Wahl zwischen Karriere und Baby zerriss sie und führte zu inneren Spannungen.

Vierte Karte – Sieben der Schwerter

Diese Karte spiegelte Sallys unangenehmes Gefühl, weil sie ihre ambivalente Haltung nicht mit ihrem Mann besprach.

Fünfte Karte – Sieben der Münzen

Eine klare Sicht auf Sallys Situation: Sie musste sorgfältig darüber nachdenken, ob sie sich für die Beförderung entscheiden oder ihre Energie verwenden sollte, Mutter zu werden.

Sechste Karte – Königin der Kelche

Sally würde mit dem Auftauchen dieser Karte besser mit ihrer Intuition arbeiten können. Wenn sie mit ihren Gefühlen in Einklang stünde, würde sie auch empfindsamer mit ihren Mitmenschen umgehen können. So könnte sie nicht nur die richtige Entscheidung treffen, sondern ihren Mann auch besser verstehen lernen.

Siebte Karte – Ritter der Schwerter

Diese Karte stand für einen starken Verbündeten, der Sally helfen würde, den gegenwärtigen Konflikt zu lösen. Ein Kollege, eine Schwester oder ein Bruder oder Freund würde sie motivieren können, etwas auszuprobieren. Dies konnte auch bedeuten, dass Sally ihre Lage gestalten und nicht im Stillstand verharren sollte.

Achte Karte – Sechs der Schwerter

Eine ermutigende Karte, die anzeigte, dass die stressvolle Zeit für Sally bald enden würde. Die Zukunft sah rosig aus. Sie konnte sich auf eine ruhige Zeit freuen.

Neunte Karte – Drei der Kelche

Eine emotional erfüllende Zeit lag vor ihr. Eine kreative Phase begann und ein freudiges Ereignis, vielleicht die Geburt eines Kindes, stand bevor.

DIE FARBEN LESEN
Die vier Farben der Kleinen Arkana repräsentieren die vier Elemente Feuer, Luft, Erde und Wasser. Wenn in einer Legung eine Farbe vorherrscht, haben deren Eigenschaften große Bedeutung. Obwohl die Große Arkana wichtiger ist als die Kleine, fügen die Farben dem Gesamtbild größere Klarheit und Tiefe bei.

STÄBE

KELCHE

Acht der Kelche
Aufgabe und das Weggehen von einer schmerzvollen Situation werden angezeigt.

Acht der Stäbe
Bewegung nach einer Zeit des Stillstands ist die Botschaft der Acht der Stäbe.

Elemente
Tarotleger verstehen die Farben im Sinn ihrer natürlichen Elemente.

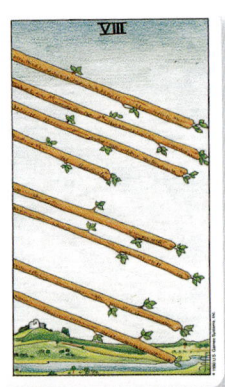

SCHWERTER

MÜNZE

Acht der Münzen

Eine neue berufliche Möglichkeit
kündigt sich mit dieser Karte an.

Acht der Schwerter

Diese beschreibt eine Situation,
mit der nur schwer umgegangen
werden kann.

Die Vier Elemente

Die vier Elemete
*Im Uhrzeigersinn von unten links:
Feuer, Wasser, Erde, Luft. Jedes
repräsentiert bestimmte Eigenschaften.*

Man findet die vier Elemente in vielen esoterischen Traditionen wie der mittelalterlichen Alchemie und dem Schamanentum. Sie sind miteinander verbunden und dienen dazu, Leben zu erhalten. Wenn sie nicht im Gleichgewicht sind, können sie auch einen negativen Effekt haben und ein Überfluss eines Elements kann zerstörerisch wirken. Die Elemente erinnern auch an die vier Jahreszeiten. Wenn Sie sich das Tarotlegen aneignen, werden die Bilder der Elemente zu vertrauten Motiven. Im Mittelalter haben Künstler die alten astrologischen Symbole des Löwen, des Bullen, des Adlers und des Engels mit den vier Grundelementen und den vier Jahreszeiten in Verbindung gebracht. Diese wurden später mit dem hebräischen Wort *Jehovah* assoziiert, worunter man damals die bewusst geleitete Energie verstand, aus der das gesamte Universum geschaffen wurde.

Dominanz einer Farbe

Wenn die Stäbe in einer Legung dominieren, besteht eine Chance für Wachstum im Bereich der Karriere, und wenn die Kelche oft vorkommen, verweist dies auf die Betonung von Gefühlsangelegenheiten. Eine Dominanz der Münzen betont die Wichtigkeit der fünf Sinne und der materiellen Welt und viele Schwerter verweisen auf einen geistigen Konflikt oder einen spirituellen Kampf und auf Stärke im Zweikampf. Auch die Hofkarten der Kleinen Arkana gehören den vier Farben an und die Elemente der jeweiligen Farben beeinflussen den Charakter der dargestellten Person.

Der Sternkreis

In der Astrologie sind die zwölf Sternzeichen auf die vier Elemente verteilt,
und einige Tarotdecks verwenden
astologischen Symbolismus. Die Auf-
teilung in vier Elemente korrespondiert
auch mit C.G. Jungs vier Typen: Gefühl
wird mit Feuer assoziiert, Wahrneh-
mung mit Erde, Denken mit Luft und
Intuition mit Wasser. Man kann die
Reihe von Ass bis König in einer Farbe
als kreativen Vorgang verstehen, der mit
einem Funken der Inspiration (Feuer)
beginnt. Das Wasser absorbiert dann
den ersten Impuls und die Imagination
erträumt sich verschiedene Wege, auf
denen die Idee geboren werden kann.
Das geistige Element der Luft plant und
entwickelt das Konzept weiter, bis die
Erde die letzte Phase des Projekts
verwirklicht.

Elemente

Jede Farbe der Kleinen Arkana steht mit einem
Element in Verbindung. Dies beeinflusst die
Persönlichkeiten und Charakteristika, die auf
den Hofkarten dargestellt werden.

DAS JUNGSCHE LEGEMUSTER

Animus, das maskuline Prinzip in der Psychologie C. G. Jungs, bedeutet Wind, Atem oder Geist. Anima, das feminine, bedeutet Seele. Im folgenden Legemuster repräsentiert Animus die Vaterfigur in uns, die uns sagt, was wir tun sollten und wie wir sein sollten, ob unser wahres Selbst das will oder nicht. Die Anima-Karte repräsentiert die Mutterfigur in uns, die uns daran erinnert, was wir für uns selbst und für andere tun sollten. Eine weitere Karte ist das innere

Kind, das zeigt, wie wir wirklich sind und wie wir uns ausdrücken würden, wenn es keine hemmenden Einflüsse gäbe. Nehmen Sie vom gemischten und geteilten Deck eine Karte als Signifikator und drei Karten für Animus, Anima und das innere Kind.

Carl Gustav Jung

In der Jungschen Psychologie tragen Mann und Frau ein inneres Bild des jeweils anderen Geschlechts in sich, das verkörpert, was sie im anderen suchen. Diese Bilder sind unbewusst und werden oft auf diejenigen übertragen, deren Eigenschaften mit dem inneren Bild übereinstimmen. Jung beschreibt diese unbewussten Bilder als Animus und Anima. Er verbrachte viel Zeit mit dem Studium von Mythologie, Alchemie und Symbolismus.

DER NARR

DER RITTER DER
STÄBE

DER MOND

DER BUBE DER
STÄBE

Fallstudie

*Diese Karten wurden für Anita gelegt
(siehe S. 176).*

| **1** | **2** | **3** | **4** |

Der
Signifikator

Animus

Anima

Inneres
Kind

Das Jungsche Legemuster

*Legen Sie die Karten in der
dargestellten Weise.*

Zuerst

*Mischen und teilen Sie
die Karten auf gewohnte
Weise, bevor Sie sie legen.*

Jungsche Legung: Anita

Neue Landschaften
*Ein völlig neues Leben einschließ-
lich des Umzugs in eine anderes
Land ergaben sich für Anita.*

Anita, 26, arbeitete seit längerem in einer festen, aber langweiligen Anstellung. Sie war vor kurzem im Urlaub auf Madagaskar gewesen und hatte sich dort in das Land und in einen Mann verliebt. Nach ihrer Rückkehr kam ihr das Leben farblos vor und sie sehnte sich danach, an den Ort zurückzukehren, der ihr Herz gefangengenommen hatte.

Erste Karte – der Narr

Diese Karte passte besonders gut, weil sie zeigte, dass Anita für einen Neuan-

fang bereit war. Sie reflektierte auch die Tatsache, dass Risiko bestand, weil Anita sich ins Unbekannte stürzte. Sie war unsicher, wovon sie in Madagaskar leben sollte, aber sie war bereit, aus ihrem alten Trott auszubrechen. Der Narr verwies auf neue Horizonte. Aber sie musste der Versuchung widerstehen, sich kopfüber in eine neue Situation zu stürzen, ohne vorher das Für und Wider abzuwägen. Immerhin war es möglich, dass ihre Naivität ihr Urteilsvermögen beeinträchtigte.

Zweite Karte – Ritter der Stäbe

Der Ritter der Stäbe identifizierte Anita mit der feurigen maskulinen Energie dieser Karte. Auf den Mann, in den sie sich verliebt hatte, passte dieses Bild auch. Ihr Angezogensein von ihm spiegelte, dass die gleichen Qualitäten in ihrer eigenen Psyche heranreiften. Sie war voller Enthusiasmus und Begeisterung angesichts eines bevorstehenden Abenteuers, besonders weil sie diese Seite ihrer Natur noch nie ausgelebt hatte.

Dritte Karte – der Mond

Anita befand sich in der Gewalt von
mächtigen unbewussten Gefühlen, die
eine objektive Entscheidung erschwerten.
Die Vorstellung vom neuen Leben nahm
sie gefangen und es fiel ihr schwer, Tat-
sachen und Fiktion auseinanderzuhalten.
Sie fühlte sich dazu gedrängt, ins
Ausland zu gehen, und hatte trotzdem
Angst, ihren Alltag und alles Sichere und
Vorhersehbare hinter sich zu lassen. Der
Mond deutete an, dass sie sich über die
Verheißungen des neuen Lebens täuschen
könnte. Nur die Zeit würde zeigen, ob
ihre Träume eine Basis in der Realität
hatten und sie im Ausland ihr Glück
finden würde.

Vierte Karte – Bube der Stäbe

Diese Karte bestätigte den Grundton der
Legung. Anita musste ihrer abenteuer-
lustigen Seite Ausdruck geben und die
Möglichkeit eines neuen Lebens ergreifen.
Obwohl ihre Entscheidung anderen krass
und impulsiv erschien, fühlte sie sich
inspiriert, die Suche aufzunehmen und
dem Drang ihres Herzens zu folgen.

Scheideweg
Das Legemuster der Optionen ist gut geeignet, wenn Sie nicht wissen, in welche Richtung Sie im Leben gehen sollen.

LEGEMUSTER DER OPTIONEN: 1

Dieses Legemuster eignet sich gut für diejenigen, die sich an einem Scheideweg im Leben befinden, wie John, 65, ein Dozent kurz vor der Pensionierung. Obwohl er sich auf mehr Zeit für seine Hobbys freute, fühlte er sich auch durch eine andere Aussicht angezogen. Ein Verlag hatte ihn gebeten, ein Buch zu schreiben. Er würde zur Recherche viel reisen müssen. Er hoffte, dass ihm die Karten seine Optionen klarer vor Augen führen würden.

1	ANFANGS-KARTE	1
2		2
3		3
ERSTE OPTION		ZWEITE OPTION

Die Zukunft lesen
Das Legemuster der Optionen beschreibt zwei Möglichkeiten und ihr wahrscheinliches Ergebnis.

ACHT DER MÜNZEN

VIER DER MÜNZEN

ASS DER SCHWERTER

RITTER DER
MÜNZEN

Fallstudie

*Dieses Muster der
Optionen hatte John
gezogen (siehe S. 180).
Nach der Anfangskarte
zeigen die Karten links und
rechts die beiden
Wahlmöglichkeiten.*

ACHT DER STÄBE

DER EREMIT

DIE WELT

Legemuster der Optionen: John

Neue Horizonte

Kurz vor der Pensionierung ergab sich für John eine neue Herausforderung.

Anfangskarte – Acht der Münzen

Die Acht der Münzen zeigte, dass John Befriedigung erlangen würde, wenn er seine Fähigkeiten zu gutem Nutzen einsetzte. Dies konnte entweder bei seinen Hobbys geschehen oder indem er sein Talent als Schriftsteller ausprobierte. Letzteres versprach, emotional erfüllend und lukrativ zu sein, da es keine Altersgrenze gab. John war bereit, sein Potenzial zu entwickeln, und würde eine neue Lebensfrist gewinnen.

Option 1 – Pensionierung

Erste Karte – Vier der Münzen

Die Karte warnte John, an dem festzuhalten, was er hatte, weil seine Wachstums- und Entwicklungschancen eingeschränkt würden. John plante, nach der Pensionierung bescheiden zu leben, weil er um seine finanzielle Sicherheit besorgt war. Dies drohte seinen Sinn für das Wohlbefinden zu untergraben.

Zweite Karte – Ritter der Münzen

Diese Karte zeigte das ruhige Leben an, das John nach der Pensionierung führen würde. Sein Leben wäre nicht aufregend, sondern voraussehbar und ruhig.

Dritte Karte – der Eremit

Ein kontemplatives Leben wurde durch diese Karte angekündigt. Sie deutete darauf hin, dass John viel Zeit allein verbringen würde. Sein Leben würde sich erheblich verlangsamen und er würde sich mit dem Älterwerden und seiner eigenen Sterblichkeit abfinden.

Option 2 – Schreiben/Reisen

Erste Karte – Ass der Schwerter

Diese Karte deutete auf unabwendbaren
Wandel hin. Wenn John das Buch-
angebot annähme, würde er mit einer
kraftvollen mentalen Energie Kontakt
aufnehmen, um die Herausforderung
anzunehmen. Die Macht der Karte
zeigte, dass John viel erreichen konnte,
wenn er diesen Weg wählte.

Zweite Karte – Acht der Stäbe

Eine aufregende und inspirierende Phase.
Alles sah gut aus und seine Karriere als
Schriftsteller würde sich entwickeln, wie
er es sich nie erträumt hatte.

Dritte Karte – die Welt

Weltlicher Erfolg und großes Erfolgs-
gefühl. Er würde auf diesem Weg viel
gewinnen und für seine Mühen reich
belohnt werden. Er würde alle Aspekte
seiner Person in diesem Projekt inte-
grieren können und das Werk seines
Lebens sinnvoll beschließen können. Viele
Möglichkeiten würden sich ihm bieten.

LEGEMUSTER DER OPTIONEN : 2

Jackie, 21, war mit ihrem Freund zusammen, seitdem sie 18 war. Sie hatte angenommen, ihn irgendwann zu heiraten. Vor ein paar Wochen aber hatte sie David kennen gelernt. Er war ein paar Jahre älter als sie und bereits einmal geschieden. Beide fühlten sich sofort zueinander hingezogen, was Jackie verwirrte. Sie wusste nicht, ob sie weiter mit ihrem Freund zusammensein oder die Beziehung beenden sollte, damit sie sich mit David treffen konnte.

1 ANFANGS-KARTE **1**

2 **2**

3 **3**

ERSTE OPTION   ZWEITE OPTION

Starker Wille
Macht, Stärke und Stabilität werden durch den Herrscher repräsentiert.

182

NEUN DER
SCHWERTER

ZWEI DER
SCHWERTER

DER HOHEPRIESTER

DER TEUFEL

Fallstudie

Diese Karten wurden von Jackie gezogen (siehe S. 184). Auf der linken Seite steht die Option, die Beziehung fortzusetzen. Auf der rechten steht die Option, eine neue Beziehung zu beginnen.

SIEBEN DER
KELCHE

ZEHN DER STÄBE

DER STERN

Legemuster der Optionen: Jackie

Zwischen zwei Männern
Jackie kam zur Orientierung: Sollte sie ihre Beziehung mit Alan beenden?

Anfangskarte – Zwei der Schwerter

Diese Karte beschreibt Jackies Sackgasse. Sie wusste, wie verletzt Alan sein würde, wenn sie die Beziehung beendete. Ihr stand eine schwierige Entscheidung bevor, aber Ehrlichkeit war die beste Strategie.

Option 1 – Fortsetzung der Beziehung mit Alan

Erste Karte – Neun der Schwerter

Diese Karte beschreibt die Schuldgefühle und die schlechte Vorahnung, die Jackie bezüglich der Trennung von Alan hatte. Ihre Ahnung von seiner Reaktion machte ihr Angst. Sie musste sich bewusst machen, wie viele negative Gefühle sie auf die Situation projizierte und eine klarere Sicht auf ihre Zweifel und Ängste entwickeln. Sie könnte auch Schuldbewusstsein für eine frühere Trennung empfinden, entweder für ihre eigene oder für die ihrer Eltern.

Zweite Karte – der Teufel

Diese Karte steht für ein Gefühl des Gefangenseins. Jackie schämte sich dafür, sich so sehr von einem anderen Man angezogen zu fühlen, und kämpfte mit ihren widersprüchlichen Gefühlen. Wenn Jackie dauerhaft von diesen starken Gefühlen gefangen bliebe, würde sie ihr Dilemma nicht lösen können.

Dritte Karte – Zehn der Stäbe

Diese Karte beschrieb Jackies Niedergeschlagenheit und ihre Erschöpfung. Ihre trüben Gedanken hielten sie von einem Fortschreiten im Leben ab.

Option 2 – Beginn einer neuen Beziehung mit David

Erste Karte – der Hohepriester

Diese Karte symbolisiert Davids Anwesenheit in Jackies Leben und deutet an, dass er ein Mentor oder Lehrer sein könnte. Ebenso zeigt sie, dass Jackie reifer und selbstbewusster werden würde.

Zweite Karte – Sieben der Kelche

Dies unterstrich, dass Jackie eine Wahl in der Liebe hatte. Sie zeigte ein Potenzial für Glück und Erfüllung in einer Beziehung mit David, aber Jackie würde sich der Folgen ihrer Entscheidung bewusst sein und einen realistischen, praktischen Blick auf die Beziehung entwickeln müssen.

Dritte Karte – der Stern

Der Stern schloss die sehr positiven Einflüsse dieser Option ab. Jackie konnte von einer rosigen Zukunft ausgehen, sobald sie sich von Schuldgefühlen und Bedauern befreite. Ein neues Leben mit David sah sehr verheißungsvoll aus.

DAS SIEBEN-KARTEN-HUFEISEN

Diese Legemethode gibt bei schwierigen Problemen Orientierung. Wenn die Karten gemischt und geteilt wurden, legen Sie sie von links nach rechts in einen Halbkreis. Die erste Karte spiegelt die Vergangenheit, die zweite die Gegenwart und die dritte Karte die Zukunft, Karte vier das beste Vorgehen, Karte fünf repräsentiert bedeutsame andere, Karte sechs Hindernisse und Karte sieben das Ergebnis. Die Karten können als Ganzes – und nicht unbedingt in dieser Reihenfolge – gelesen werden.

Glück oder Unglück?
Schwierige Probleme können mit dem Hufeisen-Muster geklärt werden.

1 *Mischen und teilen Sie die Karten vor dem Auslegen.*

186

2 *Legen Sie die Karten im Halbkreis von links nach rechts.*

3 *Drehen Sie die Karten um. Beginnen Sie von links.*

Erste Karte

Hufeisen-Antworten

Vorbereitung
*Legen Sie die Karten
im Halbkreis aus.*

Tarot gibt selten eine eindeutige Antwort, aber es kann einen wichtigen Hinweis für eine Situation geben. Das Hufeisen bietet sich an, wenn der Fragende nicht weiß, wie er mit einem Problem umgehen soll.

Nachdem die Karten gemischt und ausgewählt wurden, werden die gezogenen Karten hufeisenförmig ausgelegt. Die erste Karte zeigt einen besonderen Aspekt der Vergangenheit, der mit dem gegenwärtgen Problem des Fragenden in Zusammenhang steht. Sie könnte Ereignisse beschreiben, die zu der jetzigen Situation geführt haben oder auf eine ähnliche Situation in der Vergangenheit hinweisen und den Fragenden daran erinnern. Selbst wenn es keine offensichtliche Verbindung zwischen der früheren Situation und dem gegenwärtigen Problem gibt, wird diese Karte zeigen, wie man am besten auf vergangene Erfahrung Bezug nimmt.

Karte zwei spiegelt die Gegenwart und betont das Problem des Fragenden. Betrachten Sie diese Karte in Verbindung mit den Karten eins und drei, um zu sehen, ob sich die Umstände verbessern oder verschlechtern werden.

Die dritte Karte steht für die unmittelbare Zukunft und Karte vier zeigt das beste Vorgehen an. Um festzustellen, ob der Fragende diesem oder einem anderen Weg folgen wird, betrachtet man diese Karte am besten in Verbindung mit den Karten drei und sieben. Dies sollte erhellen, was die Entscheidung des Fragenden beeinflusst.

Karten fünf bis sieben

Die Karte in Position fünf zeigt, ob sich die Mitmenschen des Fragenden hilfreich verhalten oder nicht. Karte sechs zeigt Hindernisse bei der Lösung des Problems an. Der Fragende könnte sich dieser bewusst sein oder diese Karte könnte ihn auf ein Hindernis aufmerksam machen, das er nicht vorhergesehen hat. Wenn dies eine günstige Karte ist, ist sie schwieriger zu interpretieren. Sie müssen überlegen, wie die Bedeutung dieser Karte für den Fragenden zu einem Problem werden könnte.

Karte sieben könnte die Einstellung des Fragenden zur Gesamtsituation zusammenfassen oder das Vorgehen beschreiben, das er aller Wahrscheinlichkeit nach wählen wird. Obwohl die Karten in dieser Reihenfolge gelegt werden, können Sie bezüglich der Interpretationsreihenfolge etwas flexibel sein. Suchen Sie nach einer Art des Lesens, die Ihnen passend und sinnvoll erscheint, und bewerten Sie die Beziehung der Karten untereinander so, dass sich ein erhellendes Gesamtbild ergibt.

DAS ASTROLOGISCHE LEGEMUSTER

ist gut dazu geeignet, verschiedene Bereiche im Leben einer Person zu betrachten. Die Bedeutung der zwölf Kategorien ähnelt den zwölf Häusern des Horoskops. Sie können dieses Muster auf zwei Arten lesen: entweder um einen Überblick über die gegenwärtigen Umstände zu bekommen oder als Orientierung für das kommende Jahr, wobei die erste Karte den gegenwärtigen Monat repräsentiert, die zweite den nächsten usw. Sie können entweder die 22 Karten der Großen Arkana oder das ganze Deck benutzen. Wenn die Karten gemischt und ausgelegt wurden, legen Sie sie entgegen dem Uhrzeigersinn im Halbkreis. Dieses Muster wurde für die freie Journalistin Jo, 35, benutzt. Jo wollte die Muster in ihrem Leben besser verstehen.

10 Karriere, Ziele und Status

Hoffnungen und Wünsche **11**

9 Glaube, Bildung und Reisen

Unbewusstes, Intuition und übersinnliche Fähigkeiten, Ängste **12**

8 Gemeinsame Finanzen und Sex

Persönliche Angelegenheiten **1**

7 Beziehungen

Besitztümer und Werte des Fragenden **2**

6 Gesundheit und Arbeit

Kommunikation und alltägliche Aktivitäten **3**

5 Liebesangelegenheiten, Kinder, Selbstverwirklichung, Kreativität, Freude

Zuhause und Familie **4**

DIE SONNE

SIEBEN DER
STÄBE

DER
HOHEPRIESTER

SECHS DER
MÜNZEN

DER
GEHÄNGTE

Fallstudie

*Dieses astrologische
Legemuster wurde von Jo
gezogen (siehe S. 192).*

DER TOD

KÖNIGIN
DER STÄBE

ZWEI DER
MÜNZEN

ASS DER
STÄBE

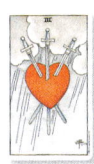

DREI DER
SCHWERTER

RITTER DER
KELCHE

ZEHN DER
STÄBE

Astrologisches Muster: Jo

Journalistin
*Jo bekam vor kurzem einen gut be-
zahlten, neuen Job. Sie wollte nun
tiefer in sich hineinschauen.*

Erste Karte – Königin der Stäbe
Die Königin der Stäbe stand für Jos
warme, offene, gesellige Persönlichkeit.
Sie war sehr beliebt.

Zweite Karte – Zwei der Münzen
Diese Karte verwies darauf, dass sie
genug emotionale und finanzielle
Ressourcen hatte, um Erfolg zu haben.

Dritte Karte – Ass der Stäbe
Diese Karte unterstrich ihre kreativen
Fähigkeiten und der neue Job versetzte

sie nun in eine Position, in der sie ihre
Talente entwickeln konnte.

Vierte Karte – Drei der Schwerter
Jos zehnjährige Ehe stand schon eine
Weile auf der Kippe. Eine Trennung
schien unausweichlich. Jo hoffte
dadurch auf einen Neubeginn.

Fünfte Karte – Ritter der Kelche
Romantik würde in ihr Leben treten –
eine Überraschung für Jo.

Sechste Karte – Zehn der Stäbe
Diese Karte besagte, dass Jo eine
emotionale Belastung loswerden müsse.
Dies würde neue Energie freisetzen,
sodass sie die gerade beginnende
kreative Phase besser genießen könne.

Siebte Karte – Tod
Diese Karte kündigte das Ende eines
Zyklus und den Beginn eines neuen an.
Sie bedeutete das Ende ihrer Ehe und
versprach ein neues Leben, wenn sie
von der Vergangenheit ablassen würde.

Achte Karte – Sechs der Münzen

Jo würde von der Großzügigkeit einer
Person profitieren und ihr Vertrauen ins
Leben erneuern.

Neunte Karte – der Hohepriester

Diese Karte stand für ihre spirituellen und
intellektuellen Ziele und das wachsende
Bedürfnis, neue Glaubenssätze und Ideen
kennen zu lernen.

Zehnte Karte – Sieben der Stäbe

Harter Wettbewerb im Beruf deutet sich an
und erinnerte Jo daran, dass sie sich auf
all ihre Fähigkeiten stützen müsse, um sich
zu beweisen.

Elfte Karte – die Sonne

Sie würde Gelegenheit haben, ihre Ambitionen zu verwirklichen. Auch Glück in
persönlichen Dingen kündigte sich an.

Zwölfte Karte – der Gehängte

Unverarbeitete Ängste würden ans Licht
kommen. Sie musste an diesem Wendepunkt darauf vertrauen, dass etwas
Wertvolles in ihr Leben treten würde.

GOLDEN-DAWN-MUSTER

Dieses Legemuster wurde nach dem Tarot-Orden der Goldenen Morgenröte benannt. Es ist eine sehr umfassende Legemethode und liefert einen gründlichen Einblick in die Situation des Fragenden. Es beschreibt auch die verschiedenen Optionen und gibt eine Handlungsempfehlung. Dieses Legemuster konzentriert sich nicht auf den wahrscheinlichen Ausgang, sondern darauf, dass der Fragende seine eigene Entscheidung trifft.

Golden Dawn
Der Orden der Goldenen Morgenröte hatte eine entscheidende Bedeutung für die Entwicklung des Tarot (siehe S. 20).

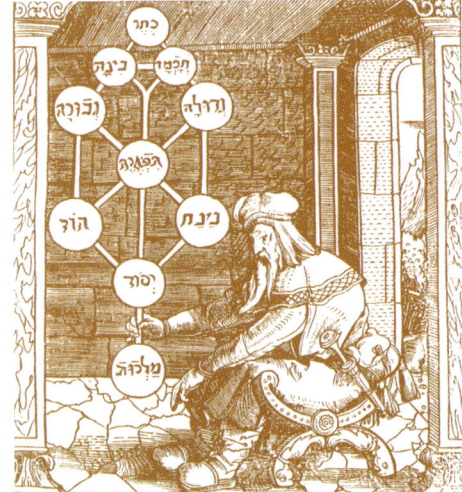

Sephiroth
Der Lebensbaum ist ein Symbol für die Beziehung der zehn Sephiroth zueinander.

Geflügelt
Der Teufel des New-Golden-Dawn-Tarot.

Himmlisch
Der Prinz der Schwerter des New-Golden-Dawn-Tarot.

Fließend
Die Vier der Kelche des New-Golden-Dawn-Tarot.

Feurig
Der König der Stäbe des New-Golden-Dawn-Tarot.

Golden-Dawn-Muster

Jede Position ist mit drei Karten besetzt, die im Zusammenhang interpretiert werden müssen. Karten eins, zwei und drei beschreiben den Fragenden: Eine zeigt seinen gegenwärtigen Zustand, die anderen beiden präzisieren dies oder enthüllen etwas über die gegebene Situation. Karten vier, acht und zwölf zeigen wahrscheinliche Ereignisse, wenn der Fragende das Verhalten wählt, das er im Moment plant. Die Karten zeigen entweder eine Reihe von Ereignissen oder jede zeigt einen Aspekt eines Ereignisses. Sie müssen selbst entscheiden, was die passendste Interpretation ist.

Treffen Sie eine Entscheidung

Karten fünf, neun und dreizehn repräsentieren eine andere Handlungsmöglichkeit, falls sich der Fragende gegen das Vorgehen nach vier, acht

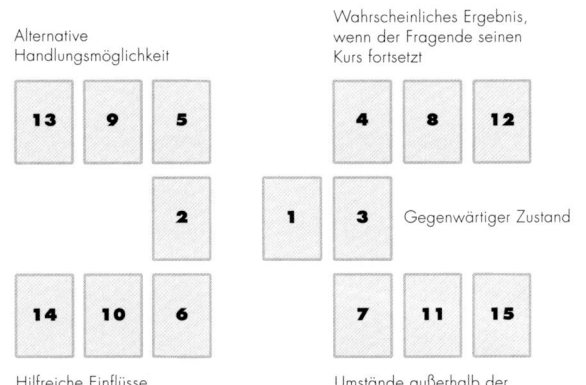

Alternative
Handlungsmöglichkeit

Wahrscheinliches Ergebnis, wenn der Fragende seinen Kurs fortsetzt

| 13 | 9 | 5 | | 4 | 8 | 12 |

| 2 | | 1 | 3 | Gegenwärtiger Zustand |

| 14 | 10 | 6 | | 7 | 11 | 15 |

Hilfreiche Einflüsse

Umstände außerhalb der Kontrolle des Fragenden

und zwölf entscheidet. Vergleichen und kontrastieren Sie die beiden Gruppen, um die bessere Alternative zu finden.

Karten sechs, zehn und vierzehn verweisen auf Hilfe bei der Entscheidungsfindung. Das könnten hilfreiche Menschen oder Aspekte sein, die es vorsichtig zu betrachten gilt, bevor man eine endgültige Entscheidung trifft. Vergleichen Sie diese Karten mit den obigen und sehen Sie, ob sie einen Punkt betonen oder Neues enthüllen.

Karten sieben, elf und fünfzehn zeigen Umstände, die zwar außerhalb der Kontrolle des Fragenden liegen, die aber trotzdem bei der Entscheidungsfindung berücksichtigt werden müssen. Obwohl diese Umstände nicht verändert werden können, gibt es doch Wahlmöglichkeiten bezüglich des Umgangs damit.

Positionen

Im Golden-Dawn-Muster wird jede Position durch drei Karten belegt. Jede Karte muss in Zusammenhang mit den anderen beiden interpretiert werden.

EINE GOLDEN-DAWN-LEGUNG

Alex, 21, hatte gerade ihr Studium beendet, als sie zu einer Kartenbefragung kam. Sie hatte einen hervorragenden Abschluss gemacht und einen sehr guten Job angeboten bekommen, aber sie sehnte sich danach, vor dem Berufsbeginn ein Jahr zu reisen.

DREI DER STÄBE

KÖNIG DER STÄBE

DIE KRAFT

Eine Entscheidung treffen

Alex wollte sich ihre Optionen eingehender ansehen. Deshalb war das Golden-Dawn-Muster am besten geeignet, um ihr die beste Handlungsmöglichkeit aufzuzeigen.

DER TURM

DIE GERECHTIGKEIT

DAS RAD DES SCHICKSALS

NEUN DER STÄBE

FÜNF DER MÜNZEN

ZWEI DER
SCHWERTER

DER TEUFEL

VIER DER KELCHE

RITTER DER
SCHWERTER

DER MOND

FÜNF DER STÄBE

ACHT DER SCHWERTER

Golden-Dawn-Legung: Alex

Erste Karte – Vier der Kelche
Alex war unzufrieden und unruhig.

Zweite Karte – der Turm
Der Turm verwies auf diese Unruhe und
Verwirrung.

**Dritte Karte – Ritter der
Schwerter**
Trotzdem nahten neue Möglichkeiten.

Studienabschluss
*Alex hoffte, dass die Karten Licht auf ihr
Streben nach Freiheit werfen würden.*

Vierte Karte – Fünf der Münzen
Wenn sie gleich mit der Arbeit be-
gänne, könnte sie etwas verpassen.

Fünfte Karte – die Kraft
Alex würde ihrer Überzeugung gemäß
handeln. Das war beruhigend.

Sechste Karte – Neun der Stäbe
Alex würde ein Hindernis überwinden.

Siebte Karte – der Mond
Sie war freudig erregt und entschlossen,
aber es gab versteckte Ängste.

**Achte Karte – Zwei der
Schwerter**
Sie würde sich im Job gefangen fühlen.

Neunte Karte – König der Stäbe
Die Aussicht einer Reise war aufregend.

**Zehnte Karte – das Rad des
Schicksals**
Unerwarteter Wandel war möglich.

Elfte Karte – Fünf der Stäbe
Sie musste an ihrer Vision festhalten, aber
realistisch bleiben.

Zwölfte Karte – der Teufel

Die Aussage der Zwei der Schwerter wurde betont: Alex würde im neuen Job ärgerlich und frustriert werden.

Dreizehnte Karte – Drei der Stäbe

Alex war angesichts des Abenteuers optimistisch. Sie hatte den Mut zur Erkundung neuen Terrains.

Vierzehnte Karte – Gerechtigkeit

Sie musste ihrer Überzeugung gemäß handeln und eine rationale, ausgewogene Perspektive einnehmen.

Fünfzehnte Karte – Acht der Schwerter

Alex sehnte sich nach einer Pause, aber die Angst vor einer falschen Entscheidung, die ihre Zukunft aufs Spiel setzen könnte, hielt sie zurück. Sie musste Personen oder Aspekte ihrer selbst, die sich gegen sie stellten, konfrontieren. Erst dann könnte sie sich entscheiden.

Uraltes Symbol

Das Keltische Kreuz ist Symbol und Inspiration für dieses Tarot-Legemuster.

DAS KELTISCHE KREUZ: 1

Das keltische Kreuz ist eines der bekanntesten und beliebtesten Legemuster, weil es einen ausgezeichneten Überblick über die Situation des Fragenden gibt. Es kann mit dem gesamten Tarotdeck oder nur mit den 22 Karten der Großen Arkana gebildet werden. Das Muster eignet sich sowohl für allgemeine Situationen als auch für besondere Fragen.

Jugendlich

Der Ritter steht oft für einen jungen Erwachsenen jeden Geschlechts.

Höfisch

Traditionell wird im keltischen Kreuz eine Hofkarte als Signifikator benutzt.

Signifikator

Für die Entscheidung, welcher Farbe der Signifikator angehören soll, können Sie entweder das Element des Sternzeichens wählen oder die Entscheidung von den Charaktereigenschaften abhängig machen.

Die Königin wird oft als Signifikator verwendet, wenn eine Frau die Karten befragt.

Das keltische Kreuz

Seit Arthur Waite das keltische Kreuz im Bilderschlüssel zum Tarot aufführte, bildet fast jedes Tarotbuch eines ab. Seine Beliebtheit ist darauf zurückzuführen, dass es auf vielen verschiedenen Ebenen funktioniert und offen für eine Vielzahl von Interpretationen ist. Es spricht die Hoffnungen und Ängste des Fragenden an und gibt Einsicht in Aspekte seines Wesens und in Umstände, die ihm nicht völlig bewusst sind. Diese Einsicht kann dem Fragenden helfen, seine Rolle beim Formen der eigenen Situation und seines Schicksals zu verstehen. Das vorhersagende Element des Musters zeigt an, was wahrscheinlich passiert, aber die Karten können keine schicksalhafte Zukunft voraussagen. Unsere Zukunft ergibt sich aus unserem täglichen Erleben.

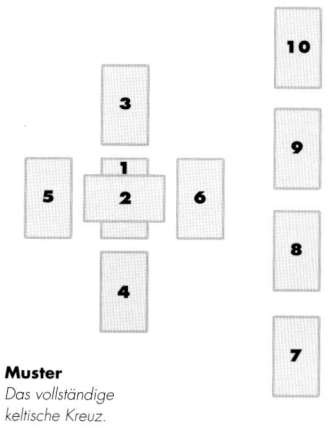

Muster
Das vollständige keltische Kreuz.

Kreis und Kreuz

Das keltische Kreuz besteht aus zwei Teilen, die den beiden Balken eines der alten Standkreuze ähneln, die man oft in Irland, Schottland oder Wales sieht.

Das aufrecht stehende Kreuz beinhaltet einen Kreis und ein Kreuz auf einem Standfuß.

Die Karten legen

Nachdem die Karten gemischt und geteilt wurden, legen Sie sie nach dem folgenden Muster aus: Legen Sie Karte Nummer eins (die gegenwärtige Position des Fragenden) und Karte zwei quer darüber (unmittelbare Einflüsse). Karte drei (Offensichtliches im Leben des Fragenden) sollte oberhalb von den Karten eins und zwei platziert werden und Karte vier (Wurzel der Lesung) unterhalb. Legen Sie Karte fünf (frühere Einflüsse) links und Karte sechs (zukünftige Einflüsse) rechts der Karten eins und zwei. Nun haben Sie das Kreuz gebildet.

Bilden Sie mit den vier verbleibenden Karten eine Reihe rechts neben dem Kreuz. Beginnen Sie unten mit der siebten Karte (Gefühle des Fragenden). Legen Sie darüber Karte acht (äußere Einflüsse), neun (Hoffnungen und Ängste) und zehn (das Ergebnis).

Einigen Tarotdecks liegt ein schwarzes Stück Stoff zum Schutz der Karten bei, auf dem dieses Muster schon abgebildet ist. Dies vereinfacht das Legen der Karten und verleiht den ausgelegten Karten zudem einen markanten Hintergrund.

Genug Platz

Wenn Sie die Karten auf einem Tisch legen, vergewissern Sie sich, dass Sie auch genug Platz für dieses umfangreiche Legemuster haben.

DAS KELTISCHE KREUZ: 2

Zwei Karten werden in die Mitte des Musters gelegt, wobei die zweite, welche unmittelbare Einflüsse repräsentiert, die erste kreuzt. Dann bildet man aus den Karten drei, vier, fünf und sechs ein Kreuz. Ein zweites vertikales Kreuz wird zur Rechten mit vier weiteren Karten gebildet. Es repräsentiert den Standfuß des Kreuzes.

Erste Karte
*Die Sonne verweist auf die
gegenwärtige Position des
Fragenden.*

Zweite Karte
*Die Neun der Stäbe
repräsentiert unmittelbare
Einflüsse.*

Erste Phase

Das Kreuz aus den Karten eins und zwei und der Kreis aus den Karten drei, vier, fünf und sechs repräsentieren den ersten Teil des keltischen Kreuzes.

NEUN DER MÜNZEN

ZEHN DER MÜNZEN

NEUN DER SCHWERTER

ACHT DER
KELCHE

19 THE SUN

ZEHN DER KELCHE

FÜNF DER STÄBE

VIER DER KELCHE

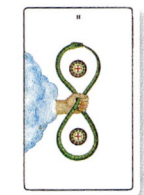

ZWEI DER MÜNZEN

Keltisches Kreuz: Eine Legung

Sonnenlicht
Die Sonne ist eine der verheißungsvollsten Karten und bedeutet Freude und Erfüllung.

Erste Karte – Die Sonne

Diese verweist auf eine Zeit der Heilung, des Wohlbefindens, Selbstbewusstseins und der Lebensfreude. Sie drückt Hoffnung, Optimismus, Kreativität, Individualität, Einsicht und Zielstrebigkeit aus.

Zweite Karte – Neun der Stäbe

Ein Hindernis muss überwunden werden, bevor das Ziel erreicht wird. Entschlossenheit und Glaube an die Intuition machen dies möglich.

Dritte Karte – Zehn der Münzen

Emotionale und finanzielle Sicherheit. Diese Karte drückt Zufriedenheit und glückliches Familienleben aus.

Vierte Karte – Vier der Kelche

Deutet an, dass der Fragende eine Zeit des Alleinseins brauchte, um seine Batterien nach einer Krankheit oder Stress im Beruf wieder aufzuladen.

Fünfte Karte – Acht der Kelche

Emotionale Unruhe, die den Fragenden niedergeschlagen und desillusioniert hat. Aber positive Veränderung tritt erst ein, wenn er die Vergangenheit loslässt.

Sechste Karte – Zehn der Kelche

Ein Herzenswunsch oder ein freudiges Ereignis wie eine Hochzeit oder die Geburt eines Kindes stehen bevor.

Siebte Karte – Zwei der Münzen

Der Fragende hat emotionales und physisches Durchhaltevermögen.

Achte Karte – Fünf der Stäbe

Wettbewerb mit anderen und eine Prüfung des eigenen Talents. Hindernisse müssen überwunden werden. Der Fragende wird geduldig sein und an seinen Erfolg glauben müssen.

Neunte Karte – Neun der Schwerter

Tiefe Ängste und Sorgen werden zur dunklen Vorahnung. Nach Aufdeckung der Wurzeln naht Befreiung.

Zehnte Karte – Neun der Münzen

Das Ergebnis dieser Legung ist sehr positiv. Der Fragende wird auf das Erreichte stolz sein können. Er hat hart für sein Selbstwertgefühl gearbeitet, das nun von nichts und niemandem mehr abhängig ist.

Besondere Fragen

Anders als andere Legemuster kann das keltische Kreuz Antworten auf besondere Fragen und gleichzeitig einen Überblick über eine Situation geben.

DAS KELTISCHE KREUZ: 3

Alle Karten sind im Muster des keltischen Kreuzes ausgelegt und warten darauf, interpretiert zu werden. Obwohl jede Karte in einer bestimmten Position liegt und entsprechend gedeutet wird, ist es ebenso wichtig, die Gesamtbedeutung aller Karten zu erfassen.

Phase eins

Der Kreis und das Kreuz stellen die erste Phase des keltischen Kreuzes dar.

Die Welt
*In Position zehn
veweist diese Karte
auf große Erfolge.*

Der Herrscher
*In Position neun steht
der Herrscher für
Selbstwert und Erfolg.*

Die Kraft
*In Position acht
repräsentiert diese
Karte Selbst-
bewusstsein und den
Willen zum Erfolg.*

Der Hohepriester
*Der Hohepriester in
Position sieben
symbolisiert einen
spirituellen Lehrer
oder Mentor.*

Herrschaftlich
Der Herrscher steht für weltliche Macht.

Keltisches Kreuz: Kate

Probleme im Beruf
*Eine Vertrauenskrise im Beruf
veranlasste Kate zur Befragung
der Karten.*

Kurz nach dem Abschluss des
Studiums hatte Kate ihren
Traumjob gefunden. Nach ein
paar Monaten plagten sie Zweifel, ob
sie leistungsstark genug war. Die
Legung war besonders bedeutsam, weil
sie nicht weniger als sieben Karten der
Großen Arkana beinhaltete.

Erste Karte – Sieben der Münzen

Diese Karte betonte das, was Kate
schon erreicht hatte, und unterstrich
ebenfalls den momentanen Rückschritt.

Sie würde Erfolg haben, wenn sie an
sich selbst glauben und an ihrer
Selbstachtung arbeiten konnte.

Zweite Karte – der Magier

Dies bedeutete, dass sie noch nicht
wusste, wie begabt und talentiert sie
wirklich war. Sie musste ihr Potenzial
und mehr Sicherheit entwickeln.

Dritte Karte – Ass der Schwerter

Kate würde eine klare Perspektive
bezüglich der Hindernisse auf ihrem
Weg zum Glauben an sich selbst
entwickeln können. Eine Einstellungs-
änderung stand bevor.

Vierte Karte – der Wagen

Dieser beschrieb Kates Vertrauenskrise
beim Angebot des Jobs und dass sie
unsicher war, ob sie annehmen sollte.

Fünfte Karte – die Hohepriesterin

Die Entscheidung über das Angebot.
Sie hatte Für und Wider abgewogen

und eine ausgewogene Entscheidung
getroffen, ohne von widersprüchlichen
Gefühlen hin- und hergerissen zu werden.

Sechste Karte – Gerechtigkeit

Größeres Vertrauen in ihre Intuition würde
ihr helfen, sich selbst zu verstehen.

Siebte Karte – der Hohepriester

Kate verspürte das Bedürfnis, sich an
jemanden zu wenden, der sie leiten und
unterstützen konnte.

Achte Karte – die Kraft

Kates Freunde und Kollegen hatten ihre
Stärken erkannt und schätzten sie.

Neunte Karte – der Herrscher

Diese Karte zeigte, dass sie Großes
erreichen konnte, sobald sie von ihren
Selbstzweifeln abließe.

Zehnte Karte – die Welt

Das Ergebnis verwies auf alles, das Kate
erreichen könnte. Sie würde Selbsterkenntnis und Selbstvertrauen gewinnen und
lernen, sich selbst zu akzeptieren.

PERSÖNLICHE ENTWICKLUNG

Die vielen Themen, Bilder und Symbole des Tarot eignen sich hervorragend zur Meditation und Selbsterkenntnis. Visuell gestützte Meditation gelangt in das Unterbewusstsein und schafft spontane geistige Bilder. Unsere Reaktion auf diese Bilder kann verborgene Aspekte unserer Persönlichkeit ans Licht bringen. Wenn wir dieses neue Bewusstsein mit der Zeit entwickeln, kann es als Ansporn für Wachstum und Entwicklung dienen und uns ein tieferes und sinnvolleres Verständnis darüber geben, wer wir sind und was sich zu einem gegebenen Zeitpunkt in unserem Leben zu entfalten sucht.

Der Stern
Verweist auf Hoffnung und den Glauben an eine bessere Zukunft.

Zehn der Kelche
Symbolisiert Glück, Zufriedenheit und die Erfüllung eines Herzenswunsches.

Tarot-Tagebücher

Es ist eine gute Idee, ein Tarot-Tagebuch zu führen, um die eigenen Einsichten, Gefühle und Interpretationen der Karten und der gesamten Legung zu notieren. Sie gewinnen ein besseres Selbstverständnis durch Ihre wachsende Beziehung zu den Karten.

Visualisieren

Das Visualisieren der Karten in der Meditation hilft Ihnen, ein dynamisches Verhältnis zu den Bildern und Symbolen aufzubauen.

Spontane geistige Bilder entstehen.

Die Karten werden mit Leben erfüllt.

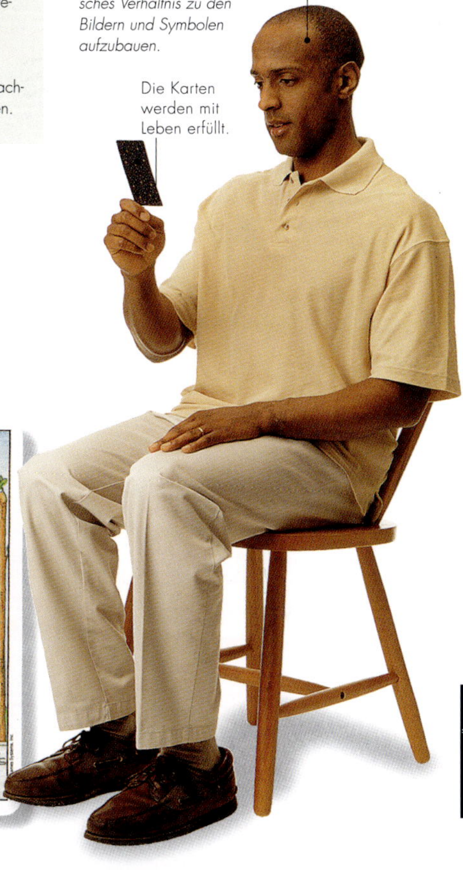

Neun der Stäbe

Repräsentiert Mut und Entschlossenheit zur Überwindung von Hindernissen.

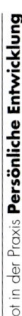

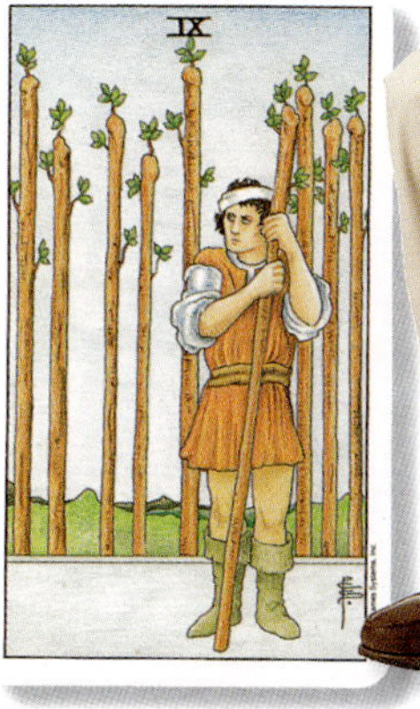

GLOSSAR

Alchemie Uralte Wissenschaft. Der Versuch, einfache Metalle in Gold zu verwandeln. Auf der spirituellen Ebene wurde dies als Suche nach persönlicher Veränderung angesehen.

Aleister Crowley Mitglied des Ordens der Goldenen Morgenröte (Golden Dawn). Verließ ihn 1905 und gründete seinen eigenen Orden „Argenteum Astrum". Okkultist. Er veröffentlichte das Buch Thoth zusammen mit Lady Frieda Harris 1944.

Anima Unbewusstes inneres Bild des Weiblichen, das ein Mann in sich trägt. Anima bedeutet Seele.

Animus Unbewusstes inneres Bild des Maskulinen, das eine Frau in sich trägt. Animus bedeutet Atem, Wind oder Geist.

Archetyp Universelles Muster in allen Menschen, Kulturen und Epochen.

Arkana Vom lateinischen *arcanum*: Geheimnis oder Mysterium

Arkana, Große 22 Karten, die wichtige Ereignisse und Spirituelles darstellen.

Arkana, Kleine Die vier Farben des Tarot. Jede Farbe besteht aus den Zahlenkarten von Ass bis zehn sowie Bube, Ritter, Königin und König.

Dualismus Vorstellung, dass das Universum aus Gegensätzen besteht.

Elemente Grundlegende Eigenschaften. Im Tarot und in der Astrologie sind dies: Feuer, Wasser, Luft und Erde.

Esoterisch Spirituelle Lehren.

Farben Die vier Teile der Kleinen Arkana. Jede repräsentiert verschiedene Eigenschaften und ist mit einem der vier Elemente verbunden.

Fragender Die Person, der die Karten gelegt werden. In diesem Buch wird der Einfachheit halber nur die männliche Form verwendet.

Golden Dawn Esoterischer Orden des späten 19. Jahrhunderts, der glaubte, dass Astrologie, Alchemie, Weissagung, Zahlensymbolik und die Kabbala zu einem esoterischen System gehören, zu dem Tarot der Schlüssel ist.

Hofkarten Bube, Ritter, König und Königin.

I Ching Chinesische Methode der Weissagung.

Jung, Carl Gustav Schweizer Psychologe, der das Prinzip der Synchronizität erdachte: Alles in der Welt ist miteinander verbunden.

Kabbala Jüdische mystische Lehre, von der das Tarot abstammen soll.

Karten, umgekehrte Eine mögliche Lesart von Karten, die auf dem Kopf stehen. Die Bedeutung der Karte verändert sich und es entstehen mehr Interpretationsmöglichkeiten.

Kartenlegen Benutzen von Karten zur Weissagung.

Kelche Eine Farbe der Kleinen Arkana. Wird mit Wasser, Liebe, Gefühlen und Träumen verbunden.

Kreuz, keltisches
Beliebte Legemethode, die das Leben sowohl auf archetypischer als auch auf alltäglicher Ebene spiegelt.

Lebensbaum
Aus der kabbalistischen Ideologie. Das Diagramm ist eine symbolische Abbildung der Beziehung zwischen den zehn Sephiroth.

Legemuster
Verschiedene Muster, in denen die Karten ausgelegt werden.

Legender
Die Person, welche die Karten legt und deutet.

Meditation
Methode zur Beruhigung von Geist und Körper zur Steigerung des spirituellen Bewusstseins.

Münzen
(Scheiben oder Pentagramme) Farbe der Kleinen Arkana, die mit Erde und materiellen und finanziellen Dingen verbunden ist.

Rider-Waite-Deck
Bekanntestes Tarotdeck von Edward Waite und Pamela Colman Smith.

Runen
Alte nordische Methode der Weissagung.

Schwerter
Farbe der Kleinen Arkana, die mit Luft, geistigen Dingen und dem Intellekt assoziiert wird.

Sephiroth
Die zehn Zirkel göttlicher Energie, die den Lebensbaum formen.

Signifikator
Karte, die den Fragenden abbildet.

Stäbe
Farbe der Kleinen Arkana, die mit Feuer, Energie, Enthusiasmus und Handeln verbunden ist.

Synchronizität
Theorie von C. G. Jung, dass alles in der Welt miteinander verbunden ist.

Tarocco
Kartenspiel, aus dem Tarot wahrscheinlich entwickelt wurde.

Tarot de Marseilles
Klassisches Tarotdeck aus dem 16. Jahrhundert. Es hatte großen Einfluss auf das Kartendesign.

Thoth
Name des Tarotdecks von Aleister Crowley.

Torah
Heiliges jüdisches Buch.

Trumpfkarten
Die Karten der Großen Arkana von 1 bis 21 sowie die nicht nummerierte Narr-Karte.

Weissagung
Methode, Wissen über die Zukunft zu erlangen, das nicht auf alltägliche Weise gewonnen werden kann.

Zahlenkarten
Die nummerierten Karten der Großen Arkana.

Zahlensymbolik
Studium von Zahlen und ihrer Verbindung zu unserem Leben. Steht mit dem Tarot und der Astrologie in Verbindung.

Yin und Yang
Chinesisches Prinzip des Maskulinen und Femininen im Universum.

WEITERE TITEL IN DIESER REIHE:
NUR € 3.99

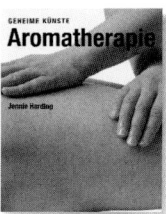

Aromatherapie
Jennie Harding
ISBN 3-8228-2483-6

Qi Gong
Angus Clark
ISBN 3-8228-2495-X

Ayurveda
Gopi Warrier, Dr. Harish
Verma & Karen Sullivan
ISBN 3-8228-2489-5

**Reflexzonen-
massage**
Chris McLaughlin &
Nicola Hall
ISBN 3-8228-2486-0

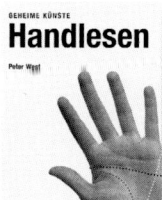

Handlesen
Peter West
ISBN 3-8228-2501-8

Reiki
Anne Charlish &
Angela Robertshaw
ISBN 3-8228-2498-4

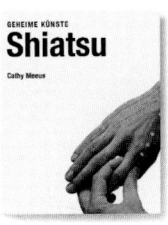

Shiatsu
Cathy Meeus
ISBN 3–8228–2492–5

Traumdeutung
Caro Ness
ISBN 3–8228–2477–1

Yoga
Jennie Bittleston
ISBN 3–8228–2504–2

NÜTZLICHE ADRESSEN

Internetportale mit Informationen und weiterführenden Links:

www.spiritual.de

Der Reiseführer für Esoterik durch deutschsprachige Internetseiten

www.esoterikpark.de

Suchmaschine für Esoterikseiten

www.cardsinsight.de

Portal für Kartenlegen, Wahrsagen, Orakel, Feng Shui und Esoterik

www.sphinx-suche.de

Webkatalog über Esoterik, Kunst, Multimedia

Versandhandel, u.a. für Tarotdecks:

Die Esotheka

Marion Keul

Untere Kanalstraße 13/1

74081 Heilbronn/Horkheim

Tel.: 07131 / 3 901 775

Fax: 07131 / 3 901 776

Internet: www.esotheka.de

Esopia Versand

Inhaber: Pia Keller

Friedrich-Ebert-Str. 35

64560 Riedstadt-Crumstadt

Tel.: 0 61 58 / 91 88 79

Fax: 0 40 / 36 03 28 09 94

E-Mail: info@esopia.de

Internet: www.esopia.de

Edelsteinoase

Thorsten Siewert

Blumenstr. 9

63834 Sulzbach

Tel.: 06028 / 21 46 6

Fax: 06028 / 21 46 6

E-Mail: info@edelstein-oase.com

Internet: www.edelstein-oase.com

Zeitschriften:

Astrologie Heute

Albisriederstrasse 232

Postfach

CH-8047 Zürich

Tel.: +41 (0) 1 / 493 51 30

Fax: +41 (0) 1/ 493 51 35

E-Mail: info@astrologieheute.ch

Connection

Connection Medien GmbH

Hauptstraße 5

84494 Niedertaufkirchen

Tel.: 08639 / 98 34 0

Fax: 08639 / 12 19

Internet: www.connection-medien.de

Magazin für Spiritualität, Liebe und Bewusstsein für religöse Toleranz, Humor und ein ganzheitliches Verständnis von Mensch und Natur.

Organisationen, Vereine etc:

C.G. Jung Institut München

Aus- und Weiterbildungsinstitut

Barer Straße 48

80799 München

Tel.: 089 / 271 40 50

Fax: 089 / 288 093 60

E-Mail: info@jung-institut-muenchen.de

Internet: www.jung-institut-muenchen.de

Staatlich anerkanntes Ausbildungsinstitut zur ärztlichen und psychologischen Weiterbildung sowie zur Fortbildung von anderen Interessenten.

REGISTER

DANKSAGUNG

Die Autorin möchte sich bei allen bedanken, die ihr beim Erlernen des Tarot geholfen haben.
Besonderer Dank geht an Jane Struthers und Tricia Allen für ihre unschätzbare Hilfe.

BILDNACHWEIS

Abbildungen der Tarotdecks auf den folgenden Seiten mit Genehmigung der
U.S. Games Systems Inc. Stamford, CT 06902.
2, 14/15, 18/19, 22/23, 26/27, 36, 38, 50/51, 54/55, 58/59, 62/63, 66/67,
70/71, 74/75, 78/79, 86/87, 94/95, 98/99, 106, 110, 118/119, 122/123,
134/135, 154, 155, 159, 163, 167, 170/171, 179, 183, 191, 195, 198/199,
206/207, 210/211, 214/215.

Astrologisches Tarot © 1983, Barbara-Walker-Tarot ©1986, Egipcios-Kier-Tarot ©1984,
Golden-Dawn-Tarot ©1982, Haindl-Tarot ©1991, Kräutertarot 1990, JJ-Swiss-Tarot © 1974,
Tarot de Marseilles © 1996, Morgan-Greer-Tarot © 1993, Motherpeace-Tarot © 1996,
Oswald-Wirth-Tarot © 1976, Papus-Tarot © 1983, Geistiges Tarot © 1996,
Hexentarot © 1994, Ukiyoe-Tarot © 1983, Universal-Waite-Tarot © 1990,
Visconti-Sforza-Tarot © 1975.

Abbildungen auf den folgenden Seiten
mit Genehmigung der GM AG Müller,
CH–8212 Neuhausen.
© AGM, Switzerland/OTO USA.

Crowley-Thoth-Tarot: 27R, 39L, 63U,
79M, 90/91, 102/103, 115, 126,
130.

Zigeuner-Tarot (Zigeuner) 27O, 46R.

Shining-Woman-Tarot:
Rachel Pollack/HarperCollins
Publishers Ltd. 39R.

Bildnachweis

AKG, London: 20,39L,174.

**The Bridgeman Art Library,
London:** 43OR (Archäologisches
Museum, Athen), S. 67 (Museo
Boltracin & Museo Civico, Padua,
202 (William Laurence).

Stone/GettyOne, London:
47U,178.

The Stock Market, London:
55OL, 72.